Bodo Bach

wünscht guten

Appetit!

GERDAS KLEINE WELTBÜHNE

kocht mit

Olga Orange

„Durchgehend warme Küche“

Nr. 3

Deftige und leichte Rezepte für den Alltag

Einfach lecker!

Rezepte

Krönender Abschluss

Auf den Hund gekommen!

Alle Rezeptangaben sind, wenn nicht anders angegeben, für vier Personen.

„Die Mutti sitzt !"

Vorstellungen:

Mittwoch – Samstag um 19 Uhr

Freitag und Samstag zusätzlich 22 Uhr

Reservierung, Kartenverkauf:

Mo – Sa: 11.00 Uhr – 18.00 Uhr, Tel. 0 61 08 – 75 49 1

Mo – Fr: 11.00 Uhr – 18.00 Uhr direkt in Gerdas kleiner Weltbühne

www.gerdas.de

Leidenschaft, Dramen,
Nonsens und Sinnlichkeit!

Wenn in Gerdas kleiner Weltbühne das Leben gegen den Strich gebürstet wird, bekommen die alltäglichsten Dinge ein neues Gesicht. Das Travestie-Show-Theater schreibt Geschichte und ist dabei genauso frisch, frech und spritzig wie am ersten Tag.

Gerdas kleine Weltbühne sind keine vier Wände, sondern zwei außergewöhnliche Menschen. Und genau die beiden, Jutta P. und Gerda Ballon, sind diese Weltbühne, mit Haut und Haar, mit Herz und Seele.

Die Passion ist gute, spritzige Unterhaltung!

In Offenbach und Mühlheim Main gibt es eine verrückte Szene lockerer Typen. So entstand in Mühlheim schon in den 70ern das Travestietheater "Gerdas kleine Weltbühne" und irgendwann auch das Cafe Orange in Offenbach. Da trafen sie sich dann alle. Die Gerda, die Jutta und alle anderen Gleichartigen oder auch nicht. Geführt wurde das Cafe von Thomas Rau, der mit Begeisterung und Überzeugung dabei war, denn er war schon immer ein bisschen Olga und noch viel mehr orange.

www.olgaorange.de

Olga Orange

Kontakt: Thomas Rau · Tel. 0172 - 77 85 36
info@olgaorange.de

Ziegenfrischkäse-Törtchen

½ Rolle Blätterteig
150 g Ziegenfrischkäse
8 Salbeiblätter
1 Tl Honig
1 Apfel
1 Tl Butter
Salz, Pfeffer

Vier ca. 10 cm große Kreise aus dem Blätterteig ausstechen und den Boden mit einer Messerspitze mehrmals einstechen.

Vier Tassen oder Soufléeförmchen buttern und mit Teig auslegen. Apfel schälen, Kerngehäuse entfernen und in Scheiben schneiden. Apfelstücke in Butter braten, Honig und klein geschnittene Salbeiblätter dazugeben und kurz schwenken. Mit Salz und Pfeffer würzen.

Ziegenfrischkäse und Apfelstücke in Lagen in die Törtchen verteilen. Zuletzt einen Klecks Ziegenfrischkäse darauf setzen.

Bei 220 °C im vorgeheizten Backofen 12 Minuten backen bis der Teigrand hellbraun ist.

Olga Orange

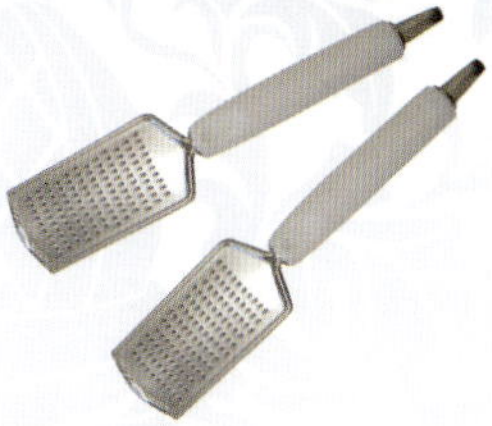

Endivien-Cremesuppe

- 1 kleiner Kopf Endiviensalat
- 1 große Kartoffel
- ½ l Gemüsebrühe
- ½ Becher Crème fraîche
- 1 Eigelb
- 2 El Parmesan
- 2–3 El Olivenöl

Endiviensalat in Stücke schneiden und waschen. In Olivenöl andünsten. Kartoffel schälen, würfeln und dazugeben. Brühe aufgießen und ca. 15 Minuten köcheln.

Mit einem Mixstab fein pürieren. Eigelb, Crème fraîche und Parmesan dazugeben. Nicht mehr aufkochen. Mit Salz und Pfeffer würzen.

Was man aus Salat so alles machen kann!

Jörg Bombach

ist gebürtiger Offenbacher und insofern an der Stadtgrenze zu Frankfurt/Oberrad schon sehr früh mit vegetarischer Grüne Soße - Gemüse - Ernährung in Berührung gekommen.

Bombach ist Programmchef von hr3 und hält sich hungergesteuert stets in der Nähe warmer Kochtöpfe auf.

bombach@hr3.de

Jörg Bombach

Tel. 069 - 155-1 · Bertramstrasse 8 · 60320 Frankfurt/Main

Dreierlei pikante Cremes

Schnittlauchcreme
1 Bund Schnittlauch
100 g Frischkäse
100 g Schmand
1 Bund Schnittlauch
Salz, Pfeffer
1 Prise Zucker

Rucolacreme
1 Bund Rucola
1 Becher Schmand
100 g Fetakäse
1 Tl Zitronensaft
Salz, Pfeffer
1 Prise Zucker

Schafskäse-Peperonicreme
100 g Schafskäse
200 g Frischkäse
1 Tl Tomatenmark
1 Knoblauchzehe
½ Tl Kreuzkümmel, gemahlen
1 rote Peperoni
2 eingelegte grüne Peperoni
Salz, Pfeffer

Schnittlauch in Röllchen schneiden. Frischkäse mit Schmand gut verrühren. Schnittlauch unterrühren und mit Salz, Pfeffer und Zucker würzen.

Rucola von den Stielen befreien, fein hacken und mit dem Schmand mit einem Stabmixer pürieren. Feta mit einer Gabel sehr fein zerdrücken und unter die Rucolacreme rühren. Mit Zitronensaft, Salz, Pfeffer und Zucker abschmecken.

Schafskäse mit einer Gabel fein zerdrücken und mit dem Frischkäse verrühren. Grüne Peperoni sehr fein hacken, rote Peperoni von den Kernen befreien und ebenfalls fein schneiden. Alle Zutaten zu einer Creme vermengen. Mit Salz und Pfeffer abschmecken.

Frisches Baguette dazu und der Appetizer ist fertig !

Jörg Bombach

Was soll ich groß sagen!
Seit ich weiß, was "Älterwerden" heisst, setze ich mich für alte Menschen ein. Das kann ich am besten, indem ich Lesungen mache, statt Eintritt dafür Spenden erbitte und diese Spenden weitergebe an das Städtische Altersheim in Mainz, deren kleine angeschlossene Kapelle endlich eine Heimorgel bekommt. Mit Ihrer Hilfe könnten Sie den Bewohnern dieses Altenheims eine Freude bereiten.

Gaby Reichardt

Mit Ihrer Hilfe könnten Sie den Bewohner dieses Altenheims eine Freude bereiten. Spendenkonto: Mainzer Altenheim "Orgel"
Konto: 12002341 · BLZ 550 501 120 · Sparkasse Mainz

Rote-Bete-Suppe

500 g Rote Bete
20 g Butter
50 g Zwiebel, fein gewürfelt
2 Knoblauchzehen, fein gehackt
50 ml roter Portwein
1 l Kalbsfond
300 g Kartoffeln
Salz
Pfeffer
Kümmel
3 El Weißweinessig
200 ml Schlagsahne
200 ml Rote-Bete-Saft

Rote Bete putzen, schälen und würfeln. Butter in einem Topf erhitzen, Zwiebel und Knoblauch darin anschwitzen und Rote Bete dazugeben, kurz mit anschwitzen. Mit dem Portwein ablöschen, mit Fond auffüllen.

Kartoffeln schälen, grob würfeln und dazugeben. Mit Salz, Pfeffer, Kümmel und Essig würzen und in 20-30 Min. weich kochen. Schlagsahne dazugeben und ca. 10 Min. einkochen. Mit einem Stabmixer pürieren, Rote-Bete-Saft dazugießen und noch mal abschmecken.

Clou: 1 Tasse feine Mayonnaise mit 8 Zehen Knoblauch verrühren und auf jeden Teller Suppe 1 Klecks setzen.

Gaby Reichardt

Jürgen Peusch alias Jutta P.

Feine Pilzpastetchen

- 7 g getrocknete Morcheln
- 7 g getrocknete Steinpilze
- 250 g braune Champignons
- 125 ml Gemüsebrühe
- 1 kleine Zwiebel
- 3 El Butter
- 2 Knoblauchzehen
- 1 ½ El Mehl
- 60 ml Sahne
- Muskat
- 2 Scheiben roher Schinken
- 60 ml Portwein
- 1 Rolle Blätterteig
- 1 Eigelb
- 1 El Milch

Getrocknete Pilze in der heißen Brühe ca. ½ Stunde einweichen. Durch ein Sieb abgießen und fein hacken. Brühe aufheben. Zwiebel und Knoblauch fein hacken und in 2 El Butter glasig dünsten. Champignons in feine Streifen schneiden und mit den Zwiebeln bei großer Hitze unter Rühren ca. 5 Minuten anbraten. Pilze beiseite stellen. In der Pfanne restliche Butter schmelzen, Mehl einstreuen und leicht anrösten. Brühe und Sahne zugießen und unter Rühren einmal aufkochen. Pilze untermischen und würzen. Einkochen lassen bis die Restflüssigkeit verschwunden ist. Schinken fein würfeln und kurz anbraten. Portwein zugießen und bis auf einen kleinen Rest reduzieren lassen. Über die Pilzmischung verteilen und 2 Stunden ziehen lassen.

Blätterteig ausrollen und 8 Kreise ausstechen. 4 Kreise in gebutterte Tarteletteförmchen legen. Pilzmischung in den Förmchen verteilen und mit einen Blätterteigdeckel schließen, Rand andrücken. Eigelb und Milch verquirrlen und auf die Teigdeckel streichen. Im vorgeheizten Backofen bei 200 °C ca. 25 Minuten hellbraun backen. Mit einem kleinen grünen Salat servieren.

Stefan Pridöhl

Shrimpstaler

500 g Kartoffeln
1 Zwiebel
1 Knoblauchzehe
200 g geschälte Shrimps
2 Eier
3 El Mehl
2 El gehackter Koriander
3 zerstoßene Chilischoten
Salz
Pfeffer

Kartoffeln schälen, in grobe Stücke schneiden und weich kochen. Durch eine Kartoffelpresse drücken. Shrimps grob hacken, Zwiebel und Knoblauch fein würfeln.

Alle Zutaten zu einem Teig verarbeiten und 10 Minuten kalt stellen. Mit zwei angefeuchteten Teelöffeln kleine Nocken formen, in etwas Öl in eine Pfanne geben und etwas platt drücken. Bei mittlerer Hitze von beiden Seiten braten bis eine braune Kruste entstanden ist.

Mit etwas Salat und Sojasauce oder süßsaurer Sauce zum Dippen servieren.

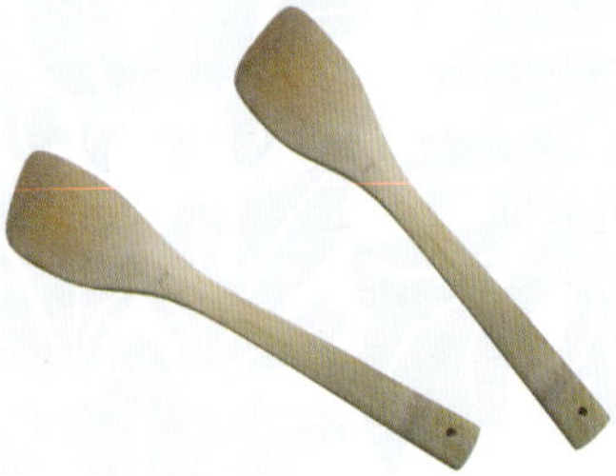

Hanseatic Group
Christian Beilicke, Thomas Küspert

Die Hanseatic Group ist ein integrierter Immobilienkonzern mit Branchenschwerpunkten auf Einzelhandels- und Wohnimmobilien. Von der erstklassigen Projektentwicklung über das Asset und Property Management sowie die Finanzierung bis hin zu maßgeschneiderten Offerten für Investoren decken wir die Wertschöpfungskette komplett ab.

www.hanseatic-group.com

Hanseatic Group

Hanseatic Group · Alfelder Straße 109 · 31139 Hildesheim
Tel. 05121 - 74 993-0 · Fax: 05121 - 74 993-33

Erdnuss-Sahne-Suppe

1 große Tomate
1 kleine Zwiebel
3 El Sonnenblumenöl
200 g Erdnusskerne, ungesalzen oder abgewaschen
Salz
Pfeffer
½ Tl Curry
1 Liter Hühnerbrühe
200 ml Sahne

Einlage

150 g gepulte Krabben

Tomate und Zwiebel in Stücke schneiden und im Mixer pürieren. Öl in einem großen Topf erhitzen. Erdnusskerne eine Minute unter ständigem Rühren anrösten und danach mit einem Schaumlöffel herausnehmen. Im gleichen Öl das Tomaten-Zwiebel-Püree erhitzen, salzen und pfeffern und köchelnd eindicken lassen.

Die Erdnusskerne mit der Hühnerbrühe pürieren.
Die Nuss-Brühe-Mischung in den Topf zu den Tomaten geben und alles bei niedriger Hitze 10 Minuten köcheln lassen. Die Sahne hinzufügen nochmals kurz mixen. Falls nötig mit Salz abschmecken. Krabben in der Suppe erhitzen.

Auf Teller verteilen und mit Chilifäden dekorieren.

Christian Beilicke

Thomas Küspert

Olgas kleiner Snack für zwischendurch!

Champignons-Brotauflauf

1 Baguette (250 g)
400 g Champignons
200 g roher Schinken
½ Tl Kräuter der Provence
2 Zwiebeln
2 El Olivenöl
2 El Butter
200 g Frischkäse
200 g Quark
3 Eier
4 El gehackte Kräuter
Salz
Pfeffer

Baguette in mundgerechte Stücke schneiden und in Butter von allen Seiten kross rösten. Zwiebeln schälen und fein würfeln. Schinken in kleine Stücke schneiden. Champignons in grobe Stücke oder Viertel schneiden. Zwiebeln kurz in heißem Olivenöl andünsten, dann Pilze, Kräuter der Provençe und Schinken dazugeben und ca. 5 Minuten braten. Mit Salz und Pfeffer würzen. Mit den Brotstücken vermischen und in einer gebutterten Auflaufform verteilen.

Frischkäse, Quark, Eier und Kräuter gut vermischen und mit Salz und Pfeffer abschmecken. Über die Brot-Pilzmasse gießen. Im vorgeheizten Backofen bei 180 °C ca. 30 Minuten backen.

Mit einem grünen Salat servieren.

SFA Sanibroy ist der Weltmarktführer für Kleinhebeanlagen. Überall da, wo nachträglich neue Sanitärbereiche (Bad, Gäste-WC, Sauna) in Haus o. Wohnung entstehen sollen und keine Fallrohre in der Nähe sind, entsorgen SFA-Hebeanlagen das anfallende Abwasser aus Wanne, Dusche, WC oder Waschtisch über viele Meter weit bis zum nächsten Abflussrohr. Auch in Wohnwagen, auf Campingplätzen und Booten findet man die Hebeanlagen von SFA, die Ihnen jeder Installateur schnell und fachgerecht einbaut.
www.sanibroy.de
SFASANIBROY
SFA SANIBROY · Vertriebsgesellschaft für sanitäre Anlagen mbH
Waldstraße 23 · Gebäude B5 · 63128 Dietzenbach

Paprika-Bruschetta

4 Paprika
Chili, verschiedene Sorten, gemischt
16 Cherry-Tomaten
Knoblauch
Kapern
Basilikum
Pfeffer, Salz
Rotwein-Essig
schwarze Oliven
4 Scheiben Schinkenspeck
4 Scheiben Bauernbrot

Bei der Paprika den Deckel aufschneiden und entkernen, danach mit Chili (in Scheiben geschnitten), Cherrytomaten (ganz), Knoblauch, Kapern, Basilikum, Pfeffer und Salz, Rotweinessig und schwarzen Oliven befüllen. Mit Schinkenspeck garnieren. In den Ofen schieben und weich werden lassen. Das Brot in der Pfanne anbraten und die Paprika darauf servieren.

Dazu passt gut ein Tomaten-Mozzarella-Salat.

André Plonka mit Sohn Nikolai

**André Plonka,
Vertriebschef SFA SANIBROY und Sohn Nikolai verstehen eine ganze Menge von gutem Essen und haben Spaß beim gemeinsamen Kochen.**

Rote Linsenbällchen

200 g rote Linsen
100 g Couscous
400 ml Wasser
½ Tl Salz
½ Tl Pfeffer
1 Tl Kreuzkümmel, gemahlen
3 Frühlingszwiebeln
1 kleiner Bund Petersilie
1 ½ Tl Tomatenmark
1 El Butter
1 kleine Zwiebel
1 Zitrone

Butter in einem Topf schmelzen. Zwiebel fein würfeln und glasig dünsten. Tomatenpüree und Kreuzkümmel dazugeben und kurz anschwitzen. Linsen in kochendes Wasser geben und bei kleiner Flamme zugedeckt ca. 20 Minuten weich kochen. Couscous unterrühren, zur Seite stellen und zugedeckt 15 Minuten ruhen lassen.

Petersilie und Frühlingszwiebeln fein hacken. Alle Zutaten unter die Linsenmasse rühren bis ein Brei entsteht. Mit nassen Händen kleine Bällchen formen.

Mit Zitronenspalten zum Beträufeln servieren.

Salatherzen mit Gurkensandwiches

4-6 Romanasalatherzen
1 Knoblauchzehe
1 Eigelb
½ Tl Dijonsenf
½ Zitrone
1 Tl Worcestersauce
1/8 l Sonnenblumenöl
1 Prise Zucker
Salz
Pfeffer
Parmensankäse

Gurkensandwiches

Toast- oder Tramezzinibrot
250 g Frischkäse
1 Gurke
1 Bund Schnittlauch
Salz
Pfeffer

Salatherzen in Viertel schneiden, waschen und trocken schütteln.

Knoblauchzehe, Eigelb, Dijonsenf, Zitronensaft, Worcestersauce, Zucker, Salz und Pfeffer mit einem Stabmixer verquirlen. Tropfenweise das Sonnenblumenöl untermixen bis eine cremige Salatsauce entstanden ist. Nochmals abschmecken.

Salatherzen mit Sauce beträufeln und mit etwas Parmesankäse bestreuen.

Brot mit Frischkäse bestreichen, mit Gurkenscheiben belegen und mit Salz, Pfeffer und Schnittlauchröllchen bestreuen. Auf diese Weise ein dreilagiges Sandwich bauen.

Hier wird nicht gespart !

Das Runde muß ins Eckige!

Olgas „Eier-Kuchen“

- 1 Rolle Blätterteig
- 2 El Schinkenwürfel
- 4 Eier
- 1 Zwiebel
- 1 Becher Schmand
- einige Rucolablätter

Blätterteig mit Schmand bestreichen. Mit Zwiebelringen und Schinken belegen. Mit Salz und Pfeffer würzen. Auf jedem Viertel des Kuchens ein rohes Ei platzieren.

Bei 225 °C ca. 10–12 Minuten backen. Vor dem Servieren mit Rucolablättern bestreuen.

Gefüllte Tomaten

4 Tomaten
1 Knoblauchzehe
1 Dose Sardinen
2 Tl Kapern
6 El Semmelbrösel
2 El Parmesan, gerieben
Thymian
Rosmarin
Oregano
4 El Olivenöl
1 Prise Zucker
Salz
Pfeffer

Tomaten waschen, Deckel abschneiden, entkernen, Fruchtfleisch auslösen und würfeln. Kräuter und Knoblauch fein hacken. Sardinen abtropfen lassen und mit einer Gabel zerdrücken.

Knoblauch, Sardinen, Kapern, Kräuter, Brösel, Käse und Öl mischen. Mit Salz, Zucker und Pfeffer würzen. Tomaten innen salzen, pfeffern und füllen.

Im vorgeheizten Ofen 10 Minuten bei 200 °Grad garen.

Deckel auf die Tomaten setzen und unter dem Grill 3 Minuten fertig garen.

Familie Degenhardt

Matjestatar auf Kartoffelrösti

8 Matjesfilets
1 kleiner säuerlicher Apfel
1 rote Zwiebel
4 El Olivenöl
4 Zweige Dill

Apfel und Zwiebel schälen. Apfel, Zwiebel und Matjesfilets sehr fein würfeln und mit Olivenöl und fein gehacktem Dill mischen.

400 g geschälte Kartoffeln

Kartoffeln grob reiben und mit Salz, Pfeffer und einer Prise Muskat würzen. 8 kleine Rösti formen und in Butter beidseitig goldgelb braten.

Matjestatar auf den Kartoffelrösti anrichten und nach Belieben mit einem Klecks Sauerrahm servieren.

Küchenchef Andreas Klimasch

„Hamburgs bestes Musical!“
Hamburger Morgenpost
Heiße Ecke
Das St. Pauli Musical
Sonnen Bassermann
Linsentopf
Mit Cocktailwürstchen
TOP MARKE
www.tivoli.de
Corny Littmann
Schmidts Tivoli GmbH und Kultur & Gaststättenbetriebe
Spielbudenplatz 27-28 · 20359 Hamburg

Einfach gut gespeist!

1 gr Dose Humor
1 Tasse Phantasie
1 kg Liebe
1 Prise Menschenkenntnis
3 El Ideen
Salz nach Geschmack

Wenn ich allein zu Hause bin, gibt es bei mir ausschließlich Fertiggerichte. Mein Lieblings-Fertiggericht sind Rinderrouladen, aber eine kräftige Linsensuppe tut's auch.

Ich verfeinere das Gericht durch kräftiges Nachsalzen.

Abgesehen davon überlasse ich die Verantwortung für den »guten Geschmack« gern anderen und gehe deshalb gern sehr gut essen in Restaurants.

Corny Littmann

Gerda und Jutta, alias Gehard und Jürgen

Bohnensuppe

- 500 g weiße Bohnen
- 250 g Schweinebauch, geräuchert
- 2 Kartoffeln
- 1 große Zwiebel
- 2 Möhren
- 1 Knoblauchzehe
- 1/4 Knolle Sellerie
- 1 Tl Thymian
- 1 El Tomatenmark
- Salz
- Pfeffer
- 2 Liter Wasser

Bohnen einige Stunden einweichen. Schweinebauch in Wasser 1,5 Stunden sieden lassen. Aus dem Sud nehmen und klein schneiden.

Bohnen in der Schweinebauchbrühe weich kochen. Zwiebeln, Karotten, Sellerie und Knoblauch sehr fein würfeln und in Olivenöl weich dünsten. Tomatenmark und Thymian dazugeben und kurz mitschwitzen lassen. Gemüse und Schweinefleisch zu den Bohnen geben. Kurz aufkochen und mit Salz und Pfeffer würzen.

Baguettescheiben mit Olivenöl beträufeln. In einer Pfanne oder im Toaster hellbraun rösten. Das geröstete Brot mit einer Knoblauchzehe einreiben.

Scherben bringen Glück – Bohnensuppe macht glücklich!

Neben allen Pflege- und Krankenkassen als Vertragspartner arbeitet der Pflegedienst mit allen Haus- und Fachärzten, den umliegenden Krankenhäusern, Apotheken, Sanitätshäusern, Krankengymnasten, Logo- und Ergotherapeuten, Einrichtungen für Essen auf Räder, Notrufzentralen sowie allen an der Pflege und Versorgung beteiligten Angehörigen eng zusammen.

www.pflegedienst-ambulant.com

Ingo Schneider

Pflegedienst Ambulant · Ingo Schneider
Neitzerter Str.15 · 57639 Rodenbach
Tel. 02684 - 71 72 · ingo.schneider@pflegedienst-ambulant.com

Westerwälder Dippekuchen

2,5 kg Kartoffeln
2 Eier
4 El Mehl
30-40 g weißer Speck in Scheiben
150-200 g geräucherter Speck, durchwachsen
Salz
Pfeffer
Öl

Die Kartoffeln waschen, schälen und sehr fein reiben. Den geräucherten Speck fein würfeln. Kartoffeln, Speck, Eier, Mehl und Gewürze miteinander vermischen. Die Salzmenge ist von der Schärfe des Specks abhängig. Backofen auf 180 bis 200 °Grad vorheizen.

Ein bis zwei Esslöffel Öl im Topf erhitzen. Masse einfüllen und auf mittlerer bis starker Hitze auf dem Herd anbraten bis sich eine braune Kruste gebildet hat. Topf vom Herd nehmen und die Masse in eine Schüssel geben, durchrühren.

Mit der Hälfte des weißen Specks den Topfboden auslegen. Die Masse wieder einfüllen, glatt streichen und den restlichen weißen Speck darauf ausbreiten. Den Topf in den vorgeheizten Backofen geben und den Kuchen etwa eine Stunde fertig backen bis sich eine kräftige braune Kruste gebildet hat.

Heiß servieren, am besten mit Apfelmus.

Ingo Schneider mit Ehefrau Anja

Anja empfiehlt:
Als Alternative zum geräucherten Speck – Mettwurst in Scheiben geschnitten – ebenso lecker!

Honig-Senf-Bratwurst mit Karottenstampf

8 grobe Bratwürste
2 El Honig
2 El scharfer Senf
4 El Sojasauce

Honig mit Senf und Sojasauce gut verrühren. Bratwürste in einer Pfanne von einer Seite braten. Würste wenden und in die angebratene Seite eine tiefe Tasche einschneiden. In die Öffnung Senf-Honig-Sauce geben und die Würste fertigbraten. Restliche Sauce erhitzen und dazu reichen.

Karottenstampf

500 g Karotten
1 kleine Zwiebel
½ Tl zerstoßene Chiliflocken
1 Prise Zucker
1 Tl Bohnenkraut
Salz
Pfeffer
1 El Butter
1 El Petersilie

Karotten schälen und in Stücke schneiden. Karottenstücke in etwas Wasser mit Bohnenkraut, Zucker, Salz und fein gewürfelter Zwiebel ca. 15 Minuten weich dünsten.

Wasser abgießen und die Karottenstücke grob zerstampfen. Mit Salz, Pfeffer und Chili würzen. Vor dem Servieren die Butter unterheben und mit Petersilie bestreuen.

Mit etwas Brot servieren.

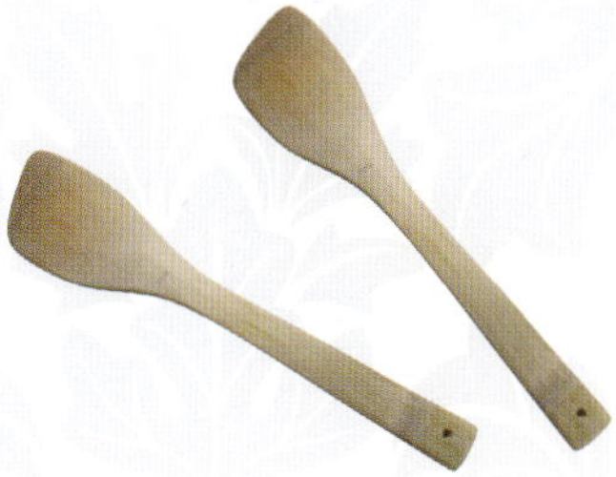

Gerda Ballon

Karl Oertl,

Leiter der Rednerschule in Zusammenarbeit mit dem großen Rat Frankfurt. Mit freundlicher Unterstützung der Saalbau, Frankfurt.

Ihr Moderator für alle Anlässe.

Karl Oertl

Das Urgestein der Frankfurter Fastnacht
Tel. 06109 - 32 129

Die Kartoffelsupp!

Ein Essen – das nach manch` Rezepten
Geschmackvoll zubereit` ensteht
Ist wohl a gut Kartoffelsüppche
Ich sag`s Euch wie`s am beste geht.

Zuerst nehm`t einen Topf voll Wasser
Gewürzt mit Suppenwürfel fein
Das Ganze schön zum Koche` bringen
Deckel zu, dass muß so sein.

Jetzt tut ihr die Kartoffeln schäle
Schneid` die in Würfel – nicht zu klein
Und konzentriert Euch auf`s Gemüse
Das muß ja schließlich auch hinein.

Schon kimmt Porree – nicht zu wenig
Ach des gibt `nen mords Geschmack
Frische Blätter von `nem Sellerie
Und Karotte – seid uff Zack.

Des wird alles klein geschnitte`
Kleiner – als die Kartoffel das schon sind
Ihr wollt ja ein Kartoffelsüppche
Wo man auch noch Kartoffel find`.

Jetzt wird gewart`- ein halbes Stündche
Guck halt mal Fernseh`n, macht e Paus`
Ihr könnt Euch also mal entspanne
Das Süppche kommt entspannter raus.

Jetzt kocht das Ganze – noch `ne Stunde
Der Duft – der schwebt durch Euer Haus
Und aus dem Kühlschrank neber `m Ofe`
Holt ihr zwei Zehe` Knoblauch raus.

Geschnippelt und mit Salz zerquetscht jetzt
Weil – so das Aroma er entfacht
Wird er mit gut gehacktem Kümmel
In den Suppentopf verfracht`.

Nun wird so mancher von Euch sage`
Gehackter Kümmel – welch ein Geck
Wenn ich doch nur das Messer hebe
Fliegt mir schon der Kümmel weg.

Mein Freund – das ganze ist sehr einfach
Kümmel in ein Stück Butter rein
und hack das ganze uff`m Holzbrett
die Körner wer`n so kurz und klein.

Und nun – je nach Geschmackes Richtung
Des ist kein „Muß" aber es kann
Kimmt aus dem Räucherschrank e bische
Durchwachs` nes Dörrfleisch in die Pfann`.

Klein in Würfelchen geschnitte
Bruzzelt des a viertel Stund`
Dann sofort in Euer Supp` nei
Durchgerührt biss uff den Grund.

Jetzt – jetzt ist das Essen fertig
Die Teller bei – es wird serviert
Das Süppche wird mit guter Flaaschworscht
Als wahrer Gaumenschmaus gekührt.

Karl Oertl

Kitti Pohl

ist Klatsch-Reporterin bei BILD FRANKFURT und fehlt auf keiner Party – und deshalb auch bei keinem Büffet. Weil sie so seit vielen Jahren durchgefüttert wird, kocht sie höchstens mal vor Wut.

Für das Rezept hat sie ihre Mutter gefragt.

www.bild.de

Kitti Pohl

BILD FRANKFURT · Grüneburgweg 2 · 60322 Frankfurt
Sekretariat: 069 - 84 84 84-0 · Fax: 069 - 84 84 84-209 · kitti.pohl@bild.de

Mutter's Sommer-Essen: Dämpf-Kartoffeln mit Salat in Dickmilch

750 g Kartoffeln
3 Zwiebeln
200 g Schinkenspeck (Schinkenwürfel)
Sanella für die Pfanne
Salz, Pfeffer und Paprika
1 Kopfsalat

Salatsauce:

Dickmilch gut gekühlt, mit Crème fraîche, je nach Geschmack

Kartoffeln schälen und in 3 mm dicke Scheiben schneiden. Zwiebeln schälen, in Würfelchen schneiden und mit dem Schinkenspeck anbraten. Die rohen Kartoffelscheiben mit den Gewürzen mischen, zu Zwiebeln und Schinkenspeck geben und auf kleiner Flamme zugedeckt dämpfen lassen, etwas Wasser zugeben und ab und zu wenden. Ca ½ Stunde.

Kopfsalat waschen, Blätter etwas klein schneiden, mit Essig, Öl und Gartenkräutern anmachen, dann soviel Dickmilch dazugeben, dass der Salat „schwimmt".

Bei uns auf dem Land in Mittelhessen wurde das Gericht früher so serviert:
Jeder bekam einen großen Suppenteller mit Dickmilchsalat, auf dem Tisch die große Schüssel mit Dämpfkartoffeln, aus der sich dann jeder bediente.

Kitti Pohl

Axel Mugler, Fernsehredakteur beim Hessischen Rundfunk in Frankfurt. Er ist zuständig für regionale Unterhaltungssendungen wie "Herrliches Hessen" oder "hessentipp" und in der 5ten Jahreszeit hat er die Narrenkappe auf, denn er betreut ausserdem den gesamten Bereich der Fernsehfastnacht – wie z.B. "Mitgemacht und Mitgelacht – Frankfurt feiert Fassenacht: die Inthronisation des Frankfurter Prinzenpaares" oder "Hessen lacht zur Fassenacht".

Axel Mugler

Die Rezepte sind Eigenkreationen und wurden von seinem Mann Matthias Hörr als "empfehlenswert" ausgezeichnet.

Champignons mit Thunfisch

ca. 12 große Champignons
1 kleine Zwiebel
1 Becher Kräuter-Crème fraîche
1 Dose Thunfisch im eigenen Saft
4 El geriebener Parmesan
5 Scheiben Scheibletten
Pfeffer, Salz,
ein wenig Chili
ein paar Spritzer Sojasauce

Champignonstiele und -lamellen entfernen, die Köpfe waschen und pfeffern.

Alle Zutaten zu einer Creme verrühren (kein Mixer!!) und in die Köpfe füllen. Zum Schluss noch eine Scheibe Scheiblette (oder ein anderer Käse – aber nicht zu geschmacksintensiv) zum Überbacken darauf legen.

Das Ganze bei ca. 200 °Grad 15 Minuten im vorgeheizten Backofen überbacken – und fertig.

Beim Backen verlieren die Champignons Flüssigkeit – deswegen am Besten in einer Form oder auf einem hohen Backblech backen – sonst gibt's Sauerei im Backofen.

Matthias Hörr und Axel Mugler

Axel Mugler

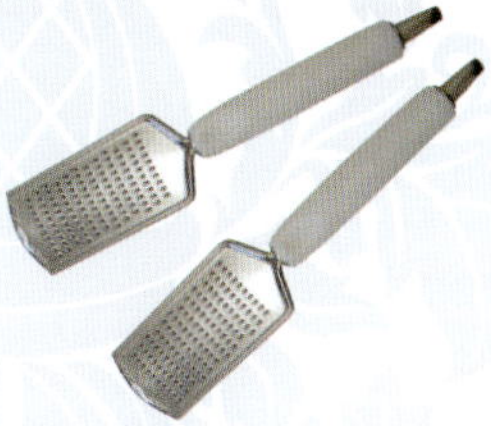

Müllerins "Handkäässüppchen"

100 g durchwachsener Speck
2 Zwiebeln
1 Stange Lauch
2 mittelgroße gekochte Kartoffeln
1 l Rinder-/Gemüsebrühe
2 Handkäse
Salz
Pfeffer
Kümmel
Majoran

Speck und Zwiebeln in feine Würfel schneiden und mit Streifen von Lauch und dem zerdrückten Knoblauch in einer Kasserolle anschwitzen. Dazu in Würfel geschnittene Pellkartoffeln geben und mit Rinderbrühe oder Gemüsebrühe auffüllen.

Mit Salz, frisch gemahlenem Pfeffer und Kümmel sowie etwas Majoran abschmecken. Nach dem Aufkochen den in Würfel geschnittenen Handkäse (er sollte noch etwas fest sein) hinzugeben und in Tassen abfüllen.

Sofort servieren. Die Suppe eignet sich nicht zum nochmaligen Erhitzen.

Hohm Sinphiu
Torsten Dornberger

Petra Roth,

seit 1995 direkt gewählte Oberbürgermeisterin von Frankfurt am Main, liebt Ihr Amt und findet: „Jeder, der nach Frankfurt kommt, wird schon nach kurzer Zeit meine Begeisterung für diese Stadt teilen."
...und bestimmt auch die Begeisterung für die grüne Soße, ein Klassiker in der Frankfurter Küche.

www.petra-roth.de

Petra Roth

Rathaus Römer · Römerberg 23 · 60311 Frankfurt am Main
Tel. 069 - 212 33 100 10 · buero-oberbuergermeisterin@stadt-frankfurt.de

Frankfurter Grüne Soße

1 Paket „Sieben Kräuter"
(Schnittlauch, Petersilie,
Borretsch, Sauerampfer,
Pimpernell, Kerbel, Kresse)
250 g saure Sahne
2 El Mayonnaise
Saft ½ Zitrone
Etwas Zucker
1 Tl Öl
Salz

Kräuter verlesen, waschen, harte Stiele etc. entfernen und sehr fein hacken. Alle Zutaten vermischen und mit einem Mixer fein zerkleinern. Abschmecken.

Pellkartoffeln und hart gekochte Eier sind eine beliebte Beilage.

Grüne Soße reicht man z.B. auch zu gekochtem Ochsenfleisch.

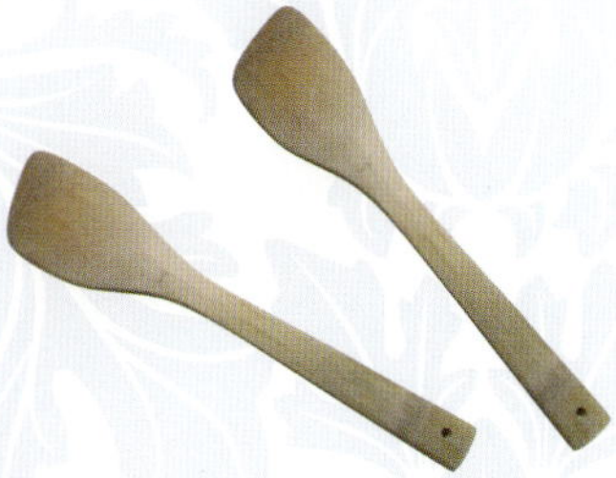

Dr. h. c. Petra Roth

Holger Weinert

ist Fernsehjournalist beim Hessischen Rundfunk, moderiert die hessenschau und diverse Unterhaltungsformate. Über seinen langjährigen Fernsehhund Paula hat er 2011 ein Buch veröffentlicht: Ein Hund und eine Seele.
Da gehts auch um die enge Bindung zwischen Mensch und Hund.
Seine eigene Lieblingssendung: Rheinpartie mit "Gerdas kleiner Weltbühne".

Holger Weinert

http://de-de.facebook.com/people/Holger-Weinert/1509000339

Schwäbische Maultaschen

Teig

Eiweiß zum Verkleben
350 g Mehl
3 Eier
3 El Wasser
1 Tl Essig
Salz

Füllung

300 g Hackfleisch
2 Landjaeger, ersatzweise Speck
3 Eier
2 altbackene Brötchen
1 Zwiebel, kleingehackt
2 El Petersilie, gehackt
50 g Butter
Pfeffer, Salz, Muskat
Lauch nach Geschmack
Spinat nach Geschmack
Rinderbrühe

Eier, Wasser, Essig und Salz mit dem Schneebesen kräftig schlagen, dann das Mehl darunterkneten bis ein glatter, fester Teig entstanden ist. 20-30 Minuten zugedeckt stehenlassen. Den Teig möglichst lang und dünn ausrollen und in Quadrate von ca. 15 x 15 cm schneiden.

Zwiebeln, Petersilie und in Wasser eingeweichte und danach ausgedrückte Brötchen in Butter dämpfen, mit dem Hackfleisch und kleingeschnittenen Landjägern vermengen. Mit Pfeffer, Muskat und Salz würzen. Je nach Geschmack die Füllung mit etwas Spinat oder Lauch anreichern.

Die Füllung in die Mitte der einzelnen Stücke geben und glatt streichen. Rand leicht anfeuchten, zu einem Päckchen rollen und mit dem Finger oder einer Gabel festdrücken. Die Maultaschen sofort in kochendes Salzwasser geben und 10 Minuten ziehen lassen. Danach herausnehmen und mit Brühe anrichten. Für eine Portion rechnet man 3 Maultaschen.

Holger Weinert-Klostermann

Stefan Micha

Musik spielt in seinem Leben eine große Rolle. Mit seiner neuen CD "Schenk der Welt ein Lächeln" möchte er seinen Fan´s, auch an schlechten Tagen, immer ein Lächeln ins Gesicht zaubern.

Kinder sind das größte Glücksversprechen, das wir auf Erden haben, so der vierfache Familienvater.

www.stefan-micha.de

Stefan Micha

Kontaktadresse: Michaela Pridöhl
Sonnenstr. 3 · 35327 Ulrichstein · Tel. 0 66 45 - 780 995 · info@stefan-micha.de

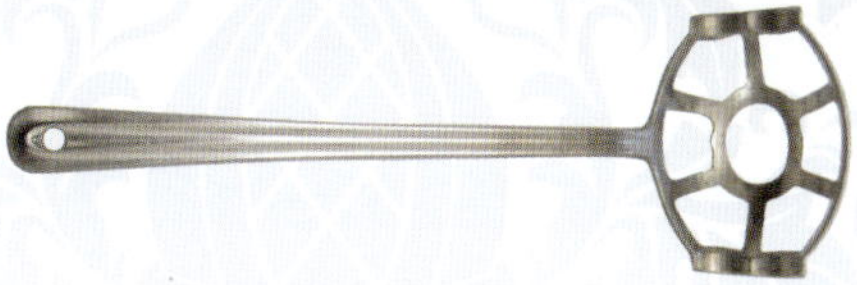

Käse-Lauch-Nocken

500 g Lauch
250 g Kartoffeln
3 Eier
100 g Mehl
250 g Emmentaler
50 g Butter
Salz
Pfeffer

Lauch waschen, in Ringe schneiden und 15 Minuten in Salzwasser weichkochen. Lauch gut abtropfen lassen und ausdrücken, Garflüssigkeit aufbewahren. Lauch klein hacken. Kartoffeln schälen und im Lauchwasser weichkochen. Garflüssigkeit wieder aufbewahren. Kartoffeln durch die Presse drücken und mit dem Lauch vermischen. Eier unterrühren.
Mit Salz und Pfeffer würzen, Mehl nach und nach unterkneten bis ein geschmeidiger Teig entstanden ist.

Teig zu kleinen Bällchen oder Nocken formen und im Gemüsewasser bei schwacher Hitze garziehen lassen. Nicht kochen, nur sieden. Sobald die Nocken oben schwimmen aus der Brühe nehmen und abtropfen lassen. Nocken in eine gebutterte Form schichten und mit Käse bestreuen. Mit Butterflöckchen belegen und bei 220 °C ca. 10 Minuten goldbraun überbacken.

Mit einem knackigen grünen Salat servieren.

Stefan Micha mit Ehefrau

Willkommen im
BEST WESTERN PREMIER IB Hotel Friedberger Warte.

Mit seiner zentralen Lage ist das BEST WESTERN PREMIER IB Hotel Friedberger Warte eine hervorragende Location für geschäftlich oder privat reisende Gäste, die Freundlichkeit und ein hervorragendes Preis-Leistungsverhältnis in einer persönlichen Atmosphäre zu schätzen wissen. Für Ihr leibliches Wohl sorgt Küchendirektor Michael Nehrdich.

Interessant: Hier befindet sich die größte Schulungs- und Eventküche Hessens mit zahlreichen Kochkursen, Veranstaltungen u.v.m.

www.friedbergerwarte.de

BEST WESTERN PREMIER IB Hotel
Friedberger Warte

Homburger Landstraße 4 · 60389 Frankfurt am Main
Tel. 069 - 76 80 640 · info@ibhotel-frankfurt.bestwestern.de

Sashimi vom Lachs

Sashimi

150 g Filet vom
Schottischen Lachs

Marinade

10 g Ingwer
20 g Schalotten
100 ml Sojasoße
50 ml Mizucan
50 ml Mirin
20 ml Sake
20 g Sesam schwarz
20 g Sesam weiß
50 g brauner Zucker
Salz und Pfeffer

Salat

20 g Balsamicoessig weiß
50 ml Sesamöl
10 g Sesam weiß
Salz, Pfeffer
Zucker
1 Stück Fenchel

Als erstes stellen Sie die Marinade her. Nun schneiden Sie den Lachs in feine Scheiben und marinieren Sie diesen.

Für den Salat schneiden Sie bitte den Fenchel ebenfalls in feine Streifen. Aus Essig und Sesamöl mit Salz, Pfeffer und Sesam die Marinade für den Salat herstellen und den Fenchel darin einlegen.

Die Lachsscheiben mit wenig Marinade auf dem Teller anrichten und mit etwas Fenchelsalat garnieren.

Weinempfehlung:

2003er Johannesberger Klaus
Spätlese, fruchtig
Weingut Prinz von Hessen

Küchendirektor Michael Nehrdich

Hoteldirektor
Michael Mauersberger

Seit 30 Jahren ist Jutta P. der praktische und künstlerische Geist von Gerdas kleiner Weltbühne. Nach Abitur und Jobben als Bühnentechniker am Giessener Stadttheater, traf Jutta P. auf Gerda Ballon und beide begannen in Eigenarbeit, aus der damaligen Showkneipe eins der erfolgreichsten Kleintheater zu erschaffen. Vielseitigkeit sowohl auf der Bühne als auch im technischen Bereich zeichnet diesen Künstler aus.

www.gerdas.de

Jutta P.

Dietesheimer Str. 90 (a. d. Willy-Brandt-Halle) · 63165 Mühlheim Main
Tel. 06108 - 75 491

Hühnchenflügel Bollywood mit Chinakohlsalat

16-20 Hähnchenflügel
1 Knoblauchzehe
1 Tl Sambal Oelek
Salz, Pfeffer
1 Tl Currypulver
6 El Öl

Chinakohlsalat

1 Chinakohl (ca. 500 g)
2-3 Möhren
1 Apfel
2 Frühlingszwiebeln
3 El Weissweinessig
1 El Tomatenketchup
1 Tl Sojasauce
½ Tl Zucker
1 Tl frisch geriebener Ingwer

Backofen auf 200 °C vorheizen. Hühnchenflügel waschen und trocken tupfen. Knoblauch pressen. Knoblauch mit Sambal Oelek, Salz, Pfeffer, Curry und Öl verrühren. Flügel in der Gewürzmischung in einem Plastikbeutel ½ Stunde marinieren. Hühnchenflügel auf ein Backblech legen und im vorgeheizten Backofen bei 180 °C ca. 25 Minuten knusprig braten. Einmal wenden.

Karotten in Stifte schneiden, Apfel schälen, entkernen und in Scheibchen schneiden. Chinakohl in Streifen schneiden. Zutaten für das Dressing verrühren und unter den Salat mischen.

Nach Belieben mit Sesamkörnern bestreuen.

Jutta P.

Ralf Kielgas

Kalte Wasabi-Nudeln mit Sesam-Wildlachs

250 g chinesische Eiernudeln
250 g Wildlachs
1 El weiße Sesamkörner
1 Tl Wasabipaste
6 El Sojasauce
2 Frühlingszwiebeln
1 Salatgurke
Salz
Pfeffer

Nudeln nach Packungsanweisung in Salzwasser kochen und abkühlen lassen. Lachs in Würfel schneiden und in einer Pfanne von allen Seiten gut anbraten. Mit Sesam bestreuen.

Gurke schälen, Kerne entfernen und würfeln. Frühlingszwiebeln in Ringe schneiden.

Wasabipaste mit Sojasauce mischen und unter die Nudeln heben. Mit Salz und Pfeffer würzen. Gurke und Zwiebel unter die Nudeln mischen. Nudeln auf Tellern anrichten und mit den gebratenen Lachswürfeln belegen. Einen Klecks Wasabipaste zum Nachwürzen am Tellerrand dekorieren.

Ralf Kielgas

PORSCHE ZENTRUM FRANKFURT

PORSCHE

Fraport und Grosser Rat:
Ein tolles Frankfurter Prinzenpaar 2011

Der Event-Manager Markus Fischer und die Category Managerin Duty Free, Nicole Jost, beide bei der Fraport AG beschäftigt, haben als „Seine Tollität“ Prinz Markus I. und „Ihre Lieblichkeit“ Nicole I. eine tolle Kampagne 2011, frei nach dem Motto:

„Follow me“ – mit viel Helau,
in Frankfurts bunte Fastnachtsschau!

bestritten.

www.grosser-rat.de

Prinzenpaar 2011

Pochiertes Hähnchenfilet

- 4 Hähnchenbrustfilets
- 300 g Bohnen
- 1 kleine Knolle Ingwer
- 1 Bund Frühlingszwiebeln
- 1 Sternanis
- 1 Gewürznelke
- 2 El Sojasauce
- 1 Liter Hühnerbrühe

Ingwer schälen, in Scheiben, dann in dünne Streifen schneiden. Frühlingszwiebeln in Ringe schneiden. Ingwer, Zwiebel, Sternanis, Nelke und Sojasauce mit der Brühe 5 Minuten köcheln lassen.

Hühnerbrüste in die Brühe legen und ca. 12 Minuten sieden, nicht kochen. Hühnerfilets aus der Brühe nehmen und warm stellen.

Geputzte Bohnen in die Brühe geben und 8-10 Minuten bissfest kochen. Filets in Scheiben schneiden und mit den Bohnen in tiefen Tellern drapieren. Mit der Brühe übergießen.

Mit Baguette servieren.

Nicole Jost

Markus H. Fischer

Personifizierter
multimedialer Gemischtwarenladen:

Schauspielerin, Sprecherin, Synchronstimme, Moderatorin und Autorin. Versucht aktuell die Theaterlandschaft mit ihrem neuesten Werk zu bereichern:
„Die Revolte von Rumpelstilzchen, Rotkäppchen und Co. oder Die Vergrimmbesserer“.

Sibylle Nicolai

www.sibylle-nicolai.de

Asiatische Nudeln mit Ananas, Ingwer und Chili

275 g asiatische Nudeln
4 Ananasringe (aus der Dose)
3 El brauner Zucker
4 El frischer Limonensaft
4 El Kokosmilch
2 El Fischsauce
2 El frisch geriebener Ingwer
2 Knoblauchzehen, fein gehackt
1 reife Mango, geschält und fein gewürfelt
2 Frühlingszwiebeln, in Scheiben geschnitten
2 frische rote Chilischoten, gehackt
frische Minzblätter

Die Ananasringe in eine feuerfeste Form geben, 2 El braunen Zucker darüber streuen, im Grill bräunen und in kleine Stücke schneiden. Limonensaft, Kokosmilch und Fischsauce in einem Topf vermischen. Restlichen Zucker, Ingwer und Knoblauch unterrühren und sanft erwärmen.

Nudeln bissfest kochen. Dann abschrecken und gut abtropfen lassen.

Mit der Sauce, den gehackten Chilischoten, Frühlingszwiebeln und den Ananas- und Mangostücken vermengen.

Sofort portionsweise auf Teller geben und mit Minzblättchen garniert servieren.

Sibylle Nicolai

Einfach gut spanisch essen...
nicht nur dies kann man auf Mallorca und ist eine meiner großen Leidenschaften. Mit der >Schlager-Party-Reise< und vielen Stars laß ich den Alltag zuhause und die Sonne Spaniens scheinen.
An obdachlose Vierbeinern habe ich mein Herz verloren und helfe gerne – und wer mehr über mich und meine Tiere wissen möchte, geht einfach auf www.klausdensow.de
Alles Liebe
Klaus

www.klausdensow.de

Klaus Densow

Densow Promotion · Saarbrücker Str. 18 · 42289 Wuppertal
Tel. 0202 - 59 46 11 · M. 0172 - 74 84 224 · densow@aol.com · www.klausdensow.de

Seelachs mit scharfen, kanarischen Kartoffeln

4 Stücke Seelachsfilet
1 Tasse Essig
½ Tasse Olivenöl
4-6 Zehen Knoblauch
Salz

Kartoffeln

500 g kleine Kartoffeln
2 El Meersalz

Scharfe Sauce

6 Knoblauchzehen
4 scharfe rote Peperoni
½ Tl Kreuzkümmel
1 Scheibe Toastbrot ohne Kruste
½ Tasse Essig
1½ Tassen Öl

Fisch salzen und auf ein Backblech legen. Essig in einem Topf auf die Hälfte einkochen lassen. Olivenöl erhitzen und die ungeschälten Knoblauchzehen im Öl bei mittlerer Hitze frittieren bis sie weich sind. Fisch mit der Essigreduktion übergießen und in den auf 180 °C vorgeheizten Backofen schieben. Ca. 5 Minuten garen. Kurz vor Ende der Bratzeit das Knoblauchöl darübergießen.

Peperoni von den Kernen befreien, in Stücke schneiden und mit dem geschälten Knoblauch und etwas Salz, Essig, Brot, Kreuzkümmel und Öl im Mixer zu einer Sauce verarbeiten.

Kartoffeln knapp mit Salzwasser (salzig wie Meerwasser) bedecken und weichkochen. Wenn die Kartoffeln gar sind, sollen sie eine feine Salzschicht auf der Schale haben.

Fisch mit Kartoffeln in der Schale, frittierter Knoblauchzehe und scharfer Sauce servieren.

Klaus Densow

Angelika Baier,

passionierte Köchin, Gärtnerin aus Leidenschaft, Fashion-Freak, Weltreisende, unersättliche Krimi-Leserin, Netzwerkerin und Charity-Lady.

Mischt in ihrer Eigenschaft als past-Präsidentin unermüdlich beim Lions-Club Frankfurt-Alte Oper mit.

www.lcfrankfurtalteoper.de

Angelika Baier

Lions-Club Frankfurt Alte Oper
lc-alteoper-info@t-online.de

Hähnchenbrustfilets an Tomaten-Oliven-Sugo mit speckummantelten Rosmarinkartoffeln

100 g Tomatenmark
600 g Dosentomaten
300 g Oliven ohne Kerne
200 g Zwiebeln (2 Zwiebeln)
10 g Knoblauch (2 Zehen)
100 ml Olivenöl
Rosmarin, Salz, Pfeffer, Zucker
Thymian und Muskatnuss

Rosmarinkartoffeln

1,2 kg Kartoffeln - festkochende
360 g Bacon in dünnen Scheiben geschnitten
frischer, ganzer Rosmarin

Hähnchenbrustfilets

1 kg Hähnchenbrustfilets
200 g Mehl
6 Eigelb
250 g fein geriebenen Parmesan

Die Kartoffeln im Salzwasser bissfest kochen. Wenn möglich festkochende Kartoffeln nehmen. Die Zwiebeln schälen und schneiden. In Olivenöl glasig dünsten. Nicht braun werden lassen, sonst wird's bitter. Dann die Dosentomaten, das Tomatenmark und die Oliven zugeben, würzen und ohne Deckel kochen lassen bis ein kräftiges Sugo entsteht – ca. 45 Minuten.

Die gekochten Kartoffeln schälen, halbieren und mit dem Bacon umwickeln. In einer Pfanne kurz anbraten und danach auf Backpapier in den Ofen schieben. Den Rosmarin zupfen und drüber streuen und bei 160 °C im Ofen backen bis diese leicht knusprig braun sind – ca. 20 Minuten.

Die Hähnchenbrustfilets in kleine Scheiben schneiden. Das Eigelb mit dem Parmesan vermengen. Die Filets würzen, in Mehl und dann in Eigelb wenden. Anschließend von beiden Seiten goldgelb braten – je Seite ca. 3 Minuten.

Angelika Baier

LIONS CLUB
FRANKFURT - ALTE OPER

Volker Bouffier,

hessischer Ministerpräsident seit 2010, liebt es nicht nur für die Interessen seiner Mitbürger in Hessen einzutreten, sondern auch ein gutes Essen nach einem harten Arbeitstag.
So verwöhnt ihn seine Frau, eine hingebungsvolle Köchin, gerne mit einem seiner Leibgerichte „Schweinelende Mikado".

www.volker-bouffier.de

Volker Bouffier

CDU Hessen · Alfred-Dregger-Haus
Frankfurter Straße 6 · 65189 Wiesbaden
Tel. 0611 - 1665 0 · Fax: 0611 - 1665 440 · info@cduhessen.de

Schweinelende Mikado

1 große Schweinelende
8 Ananasringe
Paniermehl
2 Eiweiss

Sauce
100 g Butter
2 El Mehl
½ Tl Curry
½ Tl Salz
70 ml Sahne
70 ml Milch
Wasser
½ Tl gekörnte Brühe
2 Eigelb

100 g Butter auslassen, 2 El Mehl zugeben, glatt rühren und mit Curry würzen. Unter Rühren nach und nach Milch, Sahne, Wasser und gekörnte Brühe zugeben. Etwas köcheln lassen. Salzen und auf angestellter Herdplatte warm halten.

Ananas mit Eiweiß befeuchten und in Paniermehl wenden.
Fleisch in Medaillons schneiden, salzen, pfeffern und in Mehl wälzen.
Panierte Ananasringe in heißem Öl ausbacken.

Schweinemedaillons braten.

Eigelb in einem separatem Teller mit 1 El Sauce anrühren, dann unter ständigem Rühren zu der restlichen Sauce geben. Die Sauce darf dabei auf keinen Fall kochen.

Mit Reis servieren.

Volker Bouffier

Stephan Mündelein,

die gute Seele vom Service – mit seiner freundlichen und charmanten Art begeistert er das Publikum von Gerdas kleiner Weltbühne. Mittlerweile ist er Bestandteil des Show-Programms.

Sein Motto:
Für die Gäste nur das Beste!

www.gerdas.de

Stephan Mündelein

Dietesheimer Str. 90 (a. d. Willy-Brandt-Halle) · 63165 Mühlheim Main
Tel. 06108 - 75 491

Asiatische Putensteaks mit Gemüse-Ananas-Spieß

4 Putenschnitzel
2 Knoblauchzehen
3 El Sojasauce
etwas frischer Koriander
½ Tl Ingwerpulver
¼ Tl Chiliflocken
1 Tl Honig

Putensteaks in 2 – 3 kleinere Stücke zerteilen. Knoblauch durchpressen. Aus den Zutaten eine Marinade mischen und die Steaks darin einlegen.

Steaks in einer Grillpfanne von jeder Seite 2-3 Minuten braten.

Gemüse-Ananas-Spieß

¼ Ananas
1 Zwiebel
1 Fenchelknolle
1 Paprika
1 Tl Currypulver

Ananas und Gemüse in Stücke zerteilen und gemischt auf Holz- oder Bambusspieße stecken. Mit Currypulver bestäuben. Spieße in einer Pfanne von allen Seiten gut anbraten.

Mit Reis servieren.

Stephan Mündelein

"Asoziale Netzwerke"

– das neue Bühnenprogramm ist eine gnadenlose Abrechnung mit Gruschlern, Postern, automatischen Freundefindern, Marktforschern und allen anderen, die sonst noch ungefragt und überflüssigerweise ihren Kommunikationsmüll überall hinterlassen.

Mehr darüber:
www.johannes-scherer.com/tickets.php

www.johannes-scherer.com

Johannes Scherer

Radiomoderator ("Hit Radio FFH – Der Vormittag", werktags 9-12 Uhr)

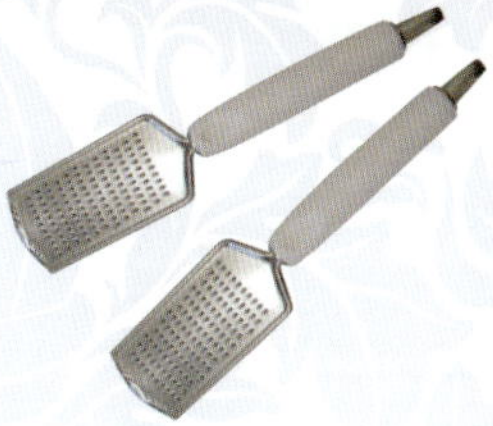

Farfalle mit grünem Spargel alla Genovese

500 g Schmetterlingsnudeln „Farfalle"
250 g grüner Bio-Spargel (alternativ: grüne Bohnen)
2 bis 3 mittelgroße rote Bio-Kartoffeln
100 g Parmesankäse
3 Scheiben Frühstücksspeck
125 g grünes Pesto (1 kleines Glas)
Olivenöl
Meersalz
Schwarzer Pfeffer, gemahlen

Spargel waschen, das holzige Ende abschneiden und nach Bedarf etwas schälen. Den Rest in 3 cm lange Stücke schneiden (alternativ die Bohnen waschen und die Spitzen abschneiden). Kartoffeln gut waschen und mit Schale in dünne, fast durchsichtige Scheibchen schneiden. Parmesankäse reiben. Den Speck in dünne Streifen schneiden. Die Farfalle in gut gesalzenem Wasser kochen. Etwa 6-7 Minuten vor Ablauf der Kochzeit die Kartoffelscheibchen und den Spargel ins Nudelwasser zugeben und mitkochen lassen. Wenn die Nudeln „al dente" sind, eine kleine Tasse des Kochwassers abschöpfen und beiseite stellen. Dann die Pasta, die Kartoffeln und den Spargel in ein Sieb schütten und abtropfen lassen.

Im Nudeltopf jetzt den Speck kurz anschwitzen. Danach die Pasta und das Gemüse in den Topf zurückgeben und das Glas Pesto löffelweise unterheben. Langsam etwa drei Viertel des geriebenen Käses einrühren. Evtl. noch 2-3 El des Kochwassers zugeben, falls die Masse zu trocken ist. Mit Olivenöl, Salz und Pfeffer abschmecken, in vorgewärmte Teller anrichten und mit dem restlichen Käse bestreuen, fertig!

Johannes Scherer

Sibylle Nicolai und Holger Weinert

Werner Röhre
Geschäftsführer der Verkehrsgesellschaft Frankfurt am Main mbH

Die VGF ist als großer Verkehrsdienstleister immer im Dienst der Bürger und Besucher Frankfurts. Aber auch vielfältig sozial engagiert, z.B. für die Aidshilfe Frankfurt e.V., das Dialogmuseum, den Frankfurter Verein zur Unterstützung von psychisch kranken Kindern und Jugendlichen e.V.

www.vgf-ffm.de

Werner Röhre

Stadtwerke Verkehrsgesellschaft Frankfurt am Main mbH
Kurt-Schumacher-Straße 8 · 60311 Frankfurt · Tel. 069 - 213-03

Pasta für 4

500 g gemischtes Hackfleisch
je 1 rote, gelbe und grüne Paprika
1 große Zwiebel
2 große Knoblauchzehen
Basilikum
Salz, Pfeffer
scharfes und süßes Paprikapulver
500 g Spaghetti

Zwiebel in halbe Ringe und die Paprika in Streifen (ca. 1cm breit) schneiden. Eine hohe Pfanne mit Öl heizen. Zwiebel glasig anbraten, Paprika zugeben und ebenfalls leicht anbraten. Salzen und pfeffern. Mit Wasser bedecken und köcheln lassen.

Hackfleisch mit Salz, Pfeffer, Paprikapulver und 1 Knoblauchzehe würzen. Als Haschee anbraten. Gemüse und Hackfleisch zusammenführen und weiterköcheln. Tomatenmark zugeben mit Knoblauchzehe und Basilikum abschmecken.

Spaghetti in reichlich Salzwasser kochen mit der Sauce anrichten und servieren.

Guten Appetit.

Werner Röhre

Die Firma Auto Mäuer ist eine freie Werkstatt im Frankfurter Stadtteil Praunheim. Neben dem Mechatronikmeister sind noch fünf Angestellte, davon ein Karosseriebaumeister, und ein Auszubildender im Betrieb beschäftigt. Das Leistungsspektrum umfasst alle am Kraftfahrzeug anfallenden Reparaturen, Karosserieinstandsetzungen, Klimaservice, Inspektionen, Reifenservice, Mechatronik. Im Bereich der Lackierarbeiten sind wir Kooperationspartner der Firma ASC in Frankfurt Nieder-Eschbach.
www.automaeuer.de
Auto Mäuer
Alt Praunheim 39 · 60488 Frankfurt am Main
Tel. 069 - 76 52 77 · Fax: 069 - 76 57 87 · office@automaeuer.de

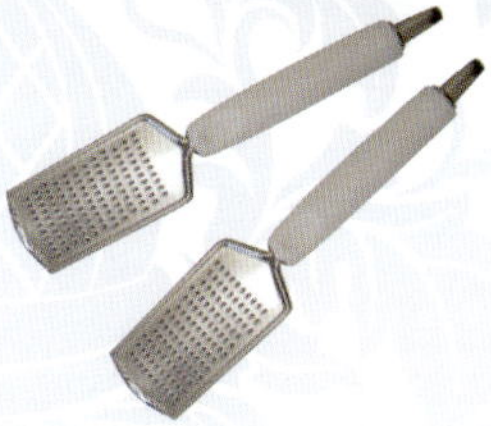

Carbonara mit Nest

500 g Rigatoni
8 Scheiben Bacon
1 Zwiebel
¼ l Weisswein
1 El Olivenöl
250 ml Sahne
2 El gehackte Petersilie
1 Knoblauchzehe
2 El Parmesankäse
4 Eigelbe
Salz
Pfeffer

Zwiebel fein würfeln, Bacon in Streifen schneiden. Bacon in einer beschichteten Pfanne in etwas Öl anbraten, dann Zwiebeln dazugeben und kurz anschwitzen. Knoblauch dazu pressen und mit Weisswein ablöschen. Etwas einkochen lassen. Sahne dazugießen und fünf Minuten weiter köcheln. Käse und Petersilie unterrühren. Mit Salz und Pfeffer abschmecken.

Pasta weich kochen, abgießen und unter die Sauce rühren. Vom Herd nehmen und die Eigelbe zügig unterrühren. Sofort auf vorgewärmten Tellern servieren.

Man kann die Eigelbe auch in der gewaschenen Eierschale auf der Pasta servieren und jeder vermischt das Ei selber mit der heißen Pasta.

Harald Mäuer

Komplettservice rund um Ihr Auto
Wir als Fachbetrieb für Unfallinstandsetzung und Autolackierung sind technisch auf dem neuesten Stand. Außerdem beinhaltet unser Service Autoglas-Reparatur, Achsvermessung, Klimaservice, Kunststoffreparatur u.v.m.
Unsere Kunden sind Porsche FFM, BMW Euler, VW und diverse Banken.
Bei uns ist der Lack nicht ab!
Auto Service Center
Genfer Str. 6 · 60437 Frankfurt am Main/Nieder-Eschbach
Tel. 069 - 507 62 63 · Fax: 069 - 507 61 62

Pasta mit Thunfisch und roten Zwiebeln

400 g Pasta
(Penne, Farfalle, etc.)
1 Dose Thunfisch in Öl
4 El Olivenöl
1 Zweig Rosmarin
1 El Kapern
2 Knoblauchzehen
1 Dose Tomaten
2 Tomaten
1 Glas Weißwein
1 große rote Zwiebel
1 El Balsamico
1 Tl Zucker

Zwiebel in feine Ringe schneiden und in Olivenöl andünsten. Knoblauch pressen, Zucker dazugeben und 30 Sekunden braten. Mit Balsamico ablöschen. Tomaten in Stückchen schneiden und Rosmarinzweig, Kapern, Dosentomaten und Weißwein dazugeben. 5 Minuten köcheln lassen. Thunfisch abgießen, mit einer Gabel zerteilen und zur Sauce geben. Kurz erhitzen. Mit Salz und Pfeffer würzen.

Nudeln „al dente" kochen und mit der Sauce übergießen.

Thomas Mayer

ASC Frankfurt Auto Service Center

Kabeljau mit Zitronen-Kapernbutter und gebratenem Chicorée

4 Stücke Kabeljau
Zitronensaft
Salz
Pfeffer
Mehl

Gebratener Chicorée

2 Chicorée
Salz, Pfeffer
1 Tl Butter
1 Tl Olivenöl

Zitronen-Kapernbutter

100 g Butter
4 El Kapern
2 Zitronen
1 El gehackte Petersilie
Salz
Pfeffer

Kabeljau mit Zitronensaft säuern. Mit Salz und Pfeffer würzen. In Mehl wenden und von beiden Seiten goldgelb braten.

Chicorée waschen, vierteln, Strunk etwas abschneiden so dass die Blätter noch zusammen gehalten werden. In Butter und Olivenöl langsam von allen Seiten anbraten bis das Gemüse weich ist.

Eine Zitrone auspressen, eine Zitrone in Filets schneiden. Butter in einem Pfännchen erhitzen. Zitronensaft, Zitronenfilets und Kapern dazugeben. Einmal kurz aufkochen lassen. Vor dem Servieren Petersilie untermischen.

Fischfilets auf Reis anrichten, mit Sauce beträufeln und mit zwei Chicoréevierteln servieren.

Da schlägt es sich doch umso besser!

Rahmlinsen mit Corned Beef

1 Dose Corned Beef (340 g)
300 g rote Linsen
1 Zwiebel
1 Knoblauchzehe
Olivenöl
300 ml Gemüsebrühe
200 ml Schmand
1 Bund Petersilie
½ Zitrone
Salz
Pfeffer
1 Prise Zucker

Zwiebel fein würfeln, Knoblauch pressen. In Olivenöl kurz anschwitzen. Linsen dazugeben. Brühe und Schmand hinzufügen. Ca. 10-15 Minuten köcheln lassen bis die Linsen weich sind. Mit Salz, Pfeffer, Zucker und Zitronensaft würzen. Petersilie hacken und unterrühren. Corned Beef in große Würfel schneiden und in den Rahmlinsen erhitzen.

Mit kleinen Pellkartoffeln servieren.

Was Olga alles weiß!

Corned Beef ist gepökeltes, zerkleinertes und gekochtes Rindfleisch. Corned wird von dem englischen Wort corn abgeleitet, wobei nicht Mais gemeint ist, sondern Salzkörner. In der Zeit, als es noch keine Kühlschränke gab, wurde Fleisch durch Einreiben und Einlagern mit grobem Salz haltbar gemacht.

TARGET
CORNED BEEF

Original Schweizer-Käsefondue

300 g Gruyère
300 g Emmentaler
300 g Appenzeller
¼ l frische Sahne
½ l trockener Weißwein
(vorzugsweise Fendant)
Salz, Pfeffer
Knoblauch fein gehackt
Maisstärke
Kirschwasser
3 Baguettes

Die Stangenweißbrote in mundgerechte Würfel schneiden und bereits auf den gedeckten Tisch stellen.

Den Weißwein aufkochen, den Käse zugeben und unter ständigem Rühren schmelzen lassen. Nun das Fondue mit der frischen Sahne verfeinern und mit Salz, Pfeffer und Knoblauch würzen. Um dem Fondue zu seiner sämigen Konsistenz zu verhelfen, rühren wir die Maisstärke mit etwas Weißwein an und binden das Käsefondue damit ab. Zum Schluß geben wir noch etwas Kirschwasser dazu um den Geschmack abzurunden.

Guten Appetit….

Ach ja wer beim Käsefondueessen einen Brotwürfel im Fondue verliert, muß ein Kirschwasser trinken.

Tipp

Es ist darauf zu achten nur echte Schweizer Käsesorten einzukaufen, da diese für ein Original Schweizer-Käsefondue unerlässlich sind.

Stefan Wöllstein mit Ehefrau

Boris Rhein,

seit 2010 Hessischer Minister des Innern und für Sport, liest nicht nur gerne in seiner Freizeit Historische Romane, sondern ist auch ein leidenschaftlicher Mountainbiker. Hierbei kann er neue Kräfte sammeln, fernab der Politik. Der krönende Abschluß seiner interessanten und anstrengenden Touren ist oft ein gutes Essen zusammen mit seiner Familie.

www.hessen.de

Boris Rhein

Hessisches Ministerium des Innern und für Sport
Friedrich-Ebert-Allee 12 · 65185 Wiesbaden
Tel. 0611 - 353-0 · Fax: 0611 - 353-1608

Rindersteak mit Pilzkruste und Kartoffeln „Surprise“

4 Rindersteaks, 3 cm dick
Pfeffer
Salz
100 g Champignons
10 g getrocknete Steinpilze
1 Schalotte
1 El weiche Butter
2 El Weckmehl
½ Tl Thymian
1/8 l Rotwein
1/8 l Rinderbrühe
1 Tl Speisestärke

Kartoffeln Surprise

4 große Kartoffeln
4 Scheiben Bacon
8 Salbeiblätter
etwas Munsterkäse

Steinpilze einweichen und klein schneiden. Pilzwasser aufheben. Champignons und Schalotte klein hacken und in etwas Butter andünsten. Mit Butter, Thymian, Weckmehl und Steinpilzen mischen, mit Salz und Pfeffer abschmecken.

Kartoffeln schälen und mit einem Apfelausstecher eine Öffnung längs durch die Kartoffeln schneiden. Bacon klein schneiden. Kartoffel mit Salbei, etwas Käse und Bacon füllen. Beide Enden der Kartoffeln mit Kartoffelstücken verschließen. Im Backofen bei 200 °C ca. 30 Minuten weich backen.

Steaks mit Pfeffer würzen. Von beiden Seiten je eine Minute scharf anbraten. Aus der Pfanne nehmen, in eine Form legen, salzen, mit der Pilzmasse bedecken und 10 Minuten bei 200 °C überbacken. Bratensatz in der Pfanne mit Rotwein ablöschen, etwas einkochen lassen. Brühe und etwas Pilzwasser dazugeben, nochmals einkochen lassen. Mit Speisestärke leicht binden. Mit Salz und Pfeffer würzen. Steaks mit einer Kartoffel und Sauce anrichten.

Tipp
Mit kurz gedünstetem Mangold oder Spinat servieren.

Boris Rhein

Theater genießen – die Sinne beleben
Das einzige Theater der Welt in einem Zoologischen Garten verführt zum Nachdenken und zum Amüsieren.
Direktor Prof. Claus Helmer hat sich zur Aufgabe gemacht, mit exzellenten Schauspielern und Regisseuren sowohl klassische als auch zeitgenössische Stücke auf anspruchsvolle und unterhaltsame Weise dem Publikum zu präsentieren.
www.diekomoedie.de
www.fritzremond.de
Die Komödie
Fritz Rémond Theater
DIE KOMÖDIE und FRITZ REMOND THEATER IM ZOO
Neue Mainzer Strasse 14-18 · 60311 Frankfurt am Main · Tel. 069 - 28 43 30

Wiener Schnitzel mit Petersilienkartoffeln und Wiener Gurkensalat

4 dünne Kalbschnitzel
2 Eier
Mehl, Semmelbrösel
Salz
Öl, Butter

Fleisch trocken tupfen, beidseitig vorsichtig dünn klopfen, am Rand leicht einschneiden und salzen. Schnitzel in Mehl, verquirltem Eigelb und Semmelbrösel wenden. Panade nicht zu fest andrücken. Schnitzel in reichlich Öl von beiden Seiten braten. Zum Ende der Bratzeit einen Teelöffel Butter dazugeben. Schnitzel auf Küchenpapier abtropfen lassen.

Petersilienkartoffeln

8 Kartoffeln
Butter
glatte Petersilie
Salz

Kartoffeln schälen, halbieren und in Salzwasser gar kochen. Petersilie fein hacken und in der geschmolzenen Butter anlaufen lassen. Kartoffeln dazugeben und darin schwenken.

Wiener Gurkensalat

1 Salatgurke
1 Becher Sauerrahm
1-2 El Essig
2 Knoblauchzehen
Dill
Salz, Pfeffer
1 Prise Zucker

Gurke schälen, in dünne Scheiben hobeln, salzen und etwas stehen lassen. Austretende Flüssigkeit abgießen. Sauerrahm mit zerdrücktem Knoblauch, Essig, Salz, Pfeffer und einer Prise Zucker verrühren. Fein geschnittenen Dill dazugeben, mit den Gurken vermengen und noch etwas ziehen lassen.

Prof. Claus Helmer

Dieter F. Kindermann

Die kleine Kinderbotschafterin Mia-Sophie Wellenbrink fragte einmal: „Dieter, ist ´Kindermann´ eigentlich dein Künstlername?“ Worauf er herzhaft lachen musste. Tochter Nadine sagte einmal, als sie ihren Papa einem Freund vorstellte: „Der ICH ist seine Berufung.“

Wobei er antwortete: „Oh ja, das stimmt, Kinder sind unser aller Zukunft.“

www.int-children-help.de

Dieter F. Kindermann

ICH e.V. · Schwerdtmannstraße 2 · 31655 Stadthagen
Tel. 05721 - 93742-80 · Fax: 05721 - 93742-89 · info@int-children-help.de

Lammkoteletts mit Taboulée und Pico de Gallo

8-12 Lammkoteletts
1 Zitrone, 3 El Olivenöl
2 Knoblauchzehen
Rosmarin, Thymian, Oregano
Salz, Pfeffer

Couscoussalat

200 g Couscous
200 ml Wasser
1 Tomate, 10 grüne Oliven
1 kleine Zwiebel
½ rote und grüne Paprika
1 Zitrone, 2 El Olivenöl
einige Oregano- und Minzeblätter
2 Knoblauchzehen
Salz, Pfeffer

Pico de Gallo

2 Tomaten
½ rote und grüne Paprika
1 Zwiebel, 2 Knoblauchzehen
½ Tl Tabascosauce
1 Prise Zucker
1 Limette, Salz

Kräuter fein hacken. Koteletts in einen Plastikbeutel geben und mit den Kräutern, Knoblauch, Pfeffer, Zitronensaft und Öl marinieren lassen. In einer Grillpfanne von beiden Seiten 2-3 Minuten braten. Dann salzen.

Gesalzenes Wasser zum Kochen bringen. Vom Herd nehmen und Couscous einrühren, 1 El Olivenöl unterrühren. Ca. 7 Minuten quellen lassen. Tomate von den Kernen befreien und in kleine Stücke schneiden. Paprika, Zwiebel und Oliven ebenfalls fein würfeln. Knoblauch pressen und mit den Gemüsewürfeln unterrühren. Mit Salz, Pfeffer, Zitronensaft und feingehacktem Oregano und Minze abschmecken.

Für das Pico de Gallo die Tomaten von den Kernen befreien. Gemüse fein würfeln und mit Limettensaft, Tabascosauce und Salz vermischen.

D. F. Kindermann

Hanseatic Group
Christian Beilicke, Thomas Küspert

In der wunderschönen Domstadt Hildesheim wirken die beiden Vorstände der Hanseatic Group.

Vielen Kindern konnten die begabten Immobilieninitiatoren ein wunderschönes Zuhause schaffen. Zu deren größten Hobbys gehört Ihr Engagement für Kinder in Not – gestern, heute und in der Zukunft!

www.hanseatic-group.com

Hanseatic Group

Hanseatic Group · Alfelder Straße 109 · 31139 Hildesheim
Tel. 05121 - 74 993-0 · Fax: 05121 - 74 993-33

Zitronenlachs im Blätterteig

200 g Quark
3 El geriebener Parmesankäse
½ Zitrone
½ Tl getrockneter Dill
Salz, Pfeffer
2 Rollen Blätterteig
500 g Lachsfilet
1 Ei mit 1 El Sahne verquirlt

Wirsing-Tomatenragout

1 kleiner Wirsing
1 kleine Zwiebel
2 Tomaten
1 El Butter
2 El Weisswein
1 Tl Meerrettich (Glas)
2 El Schmand
Salz, Pfeffer

Quark mit Parmesan vermengen. Zitronenschale abreiben, Fruchtfleisch heraustrennen, klein schneiden und unter die Quarkmasse mischen. Mit Salz und Pfeffer abschmecken.

Lachs in Portionen teilen, alle Seiten mit Salz und Pfeffer würzen. Eine Hälfte auf die Blätterteigplatte legen, mit der Quarkfüllung bestreichen, zweite Lachshälfte darauf legen und Blätterteigpäckchen verschließen, Rand fest andrücken. 2-3 mal mit einem spitzen Messer einstechen. Lachspäckchen mit den Teigresten dekorieren. Mit Ei bestreichen und im Backofen bei 220 °C ca. 20 Minuten hellbraun backen.

Wirsingstrunk herausschneiden, dann den Wirsing in Stücke schneiden und waschen. Tomate entkernen, häuten und in Würfel schneiden. Zwiebel fein würfeln. Zwiebel in Butter anschwitzen. Wirsing und Weisswein dazugeben. Bei geschlossenem Deckel ca. 10 Minuten weich dünsten. Tomatenwürfel, Schmand und Meerrettich dazu geben, kurz erwärmen und mit Salz und Pfeffer abschmecken.

Christian Beilicke

Thomas Küspert

HANSEATIC GROUP

Bardiertes Rinderfilet mit Ofenkartoffeln und grünem Spargel

4 Rinder-Medaillons
4 Scheiben Bacon
4 große halbfest kochende Kartoffeln
200 g Crème fraîche
1 kleiner Bund Petersilie
1 Bund grüner Spargel
Salz
Grober Pfeffer
2 Knoblauchzehen
2 El Butter

Kartoffeln in Alufolie einpacken und bei 200 °C ca. 30 Minuten gar backen.

Petersilie fein hacken und unter die Crème fraîche mischen.

Rinder-Medaillons mit dem Speck umwickeln und mit Pfeffer würzen. Spargel putzen, kurz in kochendem Wasser blanchieren und in heißer Butter gar braten. Spargel aus der Butter nehmen und warm stellen. In der Butter feinblättrig geschnittenen Knoblauch kurz andünsten.

Rinder-Medaillons von beiden Seiten ca. 3 Minuten braten. In Alufolie wickeln und 5 Minuten ruhen lassen.

Rinder-Medaillons mit Knoblauch und Butter übergießen und anrichten. Kartoffeln mit Crème fraîche und dem Spargel dazu reichen.

"Bei der Zutatenauswahl für mein Lieblingsgericht habe ich den gleichen Anspruch, den ich auch an mich als RING CENTER Manager stelle: mit halben Sachen kann ich nichts anfangen!"

Michael Relic

Matjes mit Chinakohl-Gurkensalat

8 eingelegte Matjesfilets
8 Blätter Chinakohl
1 Salatgurke
einige grüne Weintrauben
1 Zwiebel
2 Äpfel
1 Becher Joghurt
3 El Mayonnaise
1 Bund Schnittlauch
Salz
Pfeffer
Weissweinessig

Chinakohl in Streifen schneiden. Äpfel und Gurke schälen, Kerngehäuse entfernen. Gurkenkerne mit einem Löffel herausschaben und Gurke in Scheiben schneiden. Zwiebel fein würfeln. Schnittlauch in Röllchen schneiden. Joghurt mit Mayonnaise verrühren. Alle Zutaten vermengen und mit Salz, Pfeffer und Essig abschmecken.

Matjes mit Salat und Rösti anrichten.

Dill-Rösti

500 g Kartoffeln
1 Tl Dill
Salz
Pfeffer

Für die Rösti die Kartoffeln schälen, grob hobeln und mit Salz und Pfeffer würzen, etwas stehen lassen. Evtl. austretende Flüssigkeit abgießen. Dill untermischen. Bei mittlerer Hitze in wenig Öl kleine, runde Rösti von beiden Seiten langsam knusprig braten.

Das Unternehmen OTT + SOHN GmbH - Haus der Verpackung ist Produzent und Großhandel von Verpackungen und Verpackungshilfsmitteln. Unsere Kompetenz und Know How erlaubt es, komplette Verpackungslösungen, angefangen von der Problemanalyse, Planung und Spezifikation, über Entwicklung, Musterfertigung, Erprobung, Produktion, Logistik, Lagerhaltung und Versand, für alle Bereiche der Industrie und des Handels anzubieten zu können.
www.ott-verpackung.de
OTT+SOHN GmbH
Haus der Verpackung · Feldstrasse 38 · 63179 Obertshausen
Tel. 06104 - 7001-0 · Fax: 06104 - 7001-33 · info@ott-verpackung.de

XXL- Steak für Zwei bis Vier mit Senfmeerrettich-Soße und Zitronenstampf

500 g Roastbeef
Meersalz
Pfeffer

Senfmeerrettich-Soße

1 El scharfer Dijonsenf
2 El Meerrettich aus dem Glas
125 ml Rinderbrühe
100 ml Sahne
1/8 l Weisswein
1Tl Speisestärke
Salz
Pfeffer

Zitronenstampf

500 g Kartoffeln
½ Zitrone
1 El Schnittlauch
1 El Butter
Salz

Fleisch gut salzen und pfeffern und auf beiden Seiten ca. 2 Minuten heiß anbraten. Bei mittlerer Hitze jede Seite ca. 3 Minuten fertig braten. In Alufolie wickeln und 5 Minuten ruhen lassen.

Brühe, Senf und Meerrettich gut verrühren. Mit Sahne und Wein ca. 5 Minuten einkochen. Stärke mit wenig Wein anrühren und die Soße etwas binden. Mit Salz und Pfeffer abschmecken.

Kartoffeln schälen und in großen Stücken in gesalzenem Wasser weich kochen. Wasser abgießen und die Kartoffeln grob zerstampfen. Zitronensaft und Schnittlauchröllchen unterrühren. Mit Salz würzen. Butterstückchen unterheben.

Fleisch zum Servieren in schmale Scheiben schneiden, auf der Soße anrichten.

Oliver Ott mit Ehefrau und Gerda

OTT Verpackung

Putenstreifen à la Stroganoff

4 große Putenschnitzel
200 g weiße Champignons
2 Gewürzgurken
2 Zwiebeln
Öl
1 El Butter
2 TL Senf
1 El Zitronensaft
200 ml Hühnerbrühe
200 g saure Sahne
Salz
Pfeffer
1 Tl Speisestärke
1 El grob gehackter Estragon
2 El geschlagene Sahne

Putenschnitzel quer zur Faser in feine Streifen schneiden. Pilze in feine Scheiben schneiden. Gewürzgurken und Zwiebeln fein würfeln. Fleischstreifen in einer Pfanne portionsweise in Öl anbraten ohne zu bräunen. Herausnehmen und zugedeckt warmstellen. Zwiebeln und Pilze in die Pfanne geben und in Butter anbraten. Gewürzgurken zugeben und kurz mitbraten. Senf und Zitronensaft unterrühren.

Hühnerbrühe dazugießen und die Sauce auf die Hälfte einkochen lassen. Saure Sahne einrühren und mit Salz und Pfeffer abschmecken. Speisestärke in etwas Wasser verrühren und die Sauce damit binden. Das Fleisch in der Sauce erwärmen. Estragon untermischen und die geschlagene Sahne vorsichtig unterziehen.

Mit Nudeln oder Reis servieren.

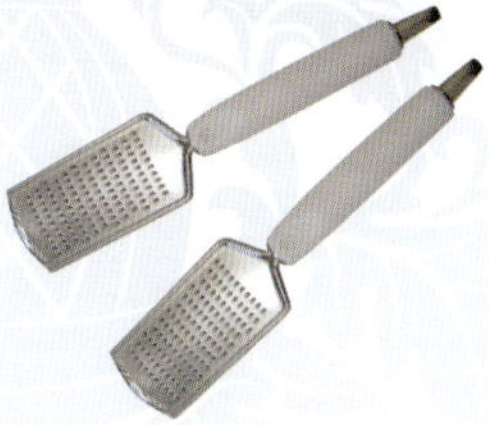

Schmetterlingsnudeln aus dem Ofen

250 g Schmetterlingsnudeln (Farfalle)
250 g braune Champignons
1 Dose Erbsen
1 Zwiebel
100 g Schinkenwürfel
200 ml Sahne
200 ml Milch
2 Eier
2 El Emmentaler
1 El Parmesankäse
Salz
Pfeffer
Muskat
1 El Butter
Olivenöl

Nudeln kochen, bis sie fast gar sind. Zwiebeln in Öl leicht anbraten. Schinken für eine Minute mitbraten. Aus der Pfanne nehmen und die in Scheiben geschnittenen Pilze braten bis sie weich sind. Erbsen abtropfen lassen. Milch, Sahne, Eier und Käse in einer Schüssel gut verquirlen. Erbsen, Nudeln, Schinken und Zwiebeln untermischen. Mit Salz, Muskat und Pfeffer abschmecken. In eine Auflaufform geben und mit Parmesankäse und Butterflöckchen bedecken.

Bei 180 °C ca. 15 Minuten backen. In der Form servieren.

Falleri, Fallera, Farfalle!

Willkommen in Deutschlands
größter Einkaufsstadt in der Stadt.
Das NordWestZentrum ist das Shopping-Herz Frankfurts. Im zentral gelegenem Einkaufs- und Erlebniszentrum pulsiert das Leben. 150 Geschäfte, Dienstleistungen und aufsehenerregende Veranstaltungen laden Wetter unabhängig zum Einkaufen, Bummeln, Feiern und Erleben ein.
Kommen Sie vorbei!
www.nwz-frankfurt.de
G.-H. Lackner
NordWestZentrum · Verwaltungsgesellschaft mbH
Limescorso 8 · 60439 Frankfurt am Main
Tel. 069 - 58 09 02-0 · nwz@nwz-frankfurt.de

Geschmorte Rinderbäckchen mit gestampftem Karotten-Kartoffel-Gemüse und Bohnen

4 Rinderbäckchen
etwas Mehl
50 g Butterschmalz
4 Schalotten, geschält
½ Sellerieknolle, geschält
2 Knoblauchzehen, geschält
1 mittelgroße Karotte, geschält
2 El Tomatenmark
mind. ½ Flasche Rotwein und
0,2 bis 0,3 l kräftiges Braunbier
500 ml Rinderfond
1-2 Thymianzweige
Pfeffer, Salz und Senf

Die Bäckchen in 2-3 Stücke teilen, mit Salz, Pfeffer und Senf würzen und vorsichtig in Mehl wenden. Butterschmalz möglichst in einem Gußbräter erhitzen und die Bäckchen von allen Seiten goldbraun werden lassen.

Schalotten, Sellerie, Knoblauch und Karotten klein geschnitten zu den Bäckchen geben. Das Gemüse mit dem Fleisch langsam anbraten, (Zeit lassen, langsam anbraten damit es nicht zu sehr röstet) bis alles eine goldbraune Farbe bekommt. Dann das Tomatenmark beigeben und kurz unter das geschmorte Gemüse heben, mit etwas Dunkelbier auffüllen. Etwas einkochen lassen, sobald das Aroma des Bieres aufgenommen ist, langsam die Rotweinnote geben indem vorsichtig weiter mit dem Rotwein abgelöscht wird.

Diesen Vorgang mehrmals wiederholen, bis der Wein aufgebraucht ist.
Mit kräftigem (am besten selbst gemachten aus Markknochen etc.) Rinderfond auffüllen, die Kräuter zugeben und mit geschlossenem Deckel im vorgeheizten Backofen bei 160 °C ca. 2-3 Stunden im Ofen weich schmoren.

G.-H. Lackner

Karotten-Kartoffel-Gemüse und Bohnen

½ kg Kartoffeln, mehlig kochend
250 g frische Karotten
150 ml süße Sahne
ca. 100 g Butter
eine Prise geriebenen Muskat
Pfeffer und Salz (aus der Mühle)
1 großen Teelöffel Honig

Kartoffeln und Karotten schälen, in große Würfel schneiden etwas Honig beigeben und in möglichst wenig kochendem Wasser garen.

Sahne mit der Butter erhitzen und mit einer Prise Muskat, Pfeffer und Salz würzen. Die weich gegarten Kartoffeln und Karotten zugeben und mit einem Kartoffelstampfer (keinen Mixer oder Rührstab nehmen!!!) zerstampfen.

Die geschmorten Bäckchen aus der Sauce nehmen und warm stellen. Die Sauce durch ein Passiersieb streichen, darauf achten, dass auch gegartes Gemüse passiert wird, damit die Sauce gut abbindet. Eventuell die Sauce mit Speisestärke binden. Mit Pfeffer und Salz abschmecken.

Alles lecker anrichten und FERTIG – guten Appetit!

Wir, das Rosa Wölkchen Team, der Grosse Rat und GERDAS Ensemble sagen Danke und freuen uns mit Euch schon auf nächstes Jahr!

traditionell - originell - homosexuell

Ach, war des scheei!

Am 7. und 8. Februar 2011 hat Frankfurt Rosa-Fassenacht gefeiert! An diesen beiden Tagen fand zum ersten Mal die neue ROSA WÖLKCHEN Sitzung statt.

Beinahe 1.000 Rosa Wölkchen schunkelten, sangen und feierten im ausverkauften Saal ausgelassen bis tief in die Nacht.

www.grosser-rat.de

Klaus-Jürgen Fischer

Grosser Rat der Karnevalvereine Frankfurt am Main e.V.
Postfach 63 02 65 · 60352 Frankfurt am Main · Tel. 069 - 76 75 44 05

Boef „Präsident“

1 kg Rinderlende
1 El Senfpulver
2 Tl Salz
1 El Zucker
5 El Öl
500 g Champignons
600 g Zwiebeln
1 Tl schwarzer Pfeffer
½ l saure Sahne

2 El Öl bei starker Temperatur in einer gusseisernen Pfanne erhitzen. Zwiebeln in Scheiben schneiden und dazugeben. Pfanne abdecken und die Hitze vermindern. 20 Minuten unter häufigem Umrühren köcheln lassen, bis die Zwiebeln gar sind. Pilze in Scheiben schneiden und dazugeben. 10 Minuten köcheln lassen. Flüssigkeit abgießen.

Fleisch in ½ cm dicke Scheiben und ½ cm dicke Streifen schneiden. 2 El Öl in einer gusseisernen Pfanne stark erhitzen und das Fleisch in kleinen Portionen nach und nach hineingeben und leicht braun braten. In einer großen Tasse Senfpulver, Salz, 1½ Tl Zucker und 1 El Wasser so verrühren, dass eine dicke Paste entsteht. Die Fleischstreifen zu den Zwiebeln und Champignons geben, Senfpaste, Salz, Pfeffer und Zucker unterrühren. Zum Schluss saure Sahne esslöffelweise zugeben und das „Boef Präsident“ bei niedriger Temperatur ca. 3 Minuten schmoren lassen.

Scharf abschmecken und Strohkartoffeln dazu reichen.

Präsident
Klaus-Jürgen Fischer

Am Werrtor 23 · 68647 Biblis · Tel. 06245 - 99 46 0
Fax: 06245 - 99 46 20 · biblis@fensterjaeger.com · www.fensterjaeger.com

Flammkuchenschnitzel

- 4 Schweineschnitzel à 180 g
- 200 g Crème fraîche
- 350 g Quark 40 %
- Salz, Pfeffer
- Muskatnuss
- 100 g geriebener Emmentaler
- 80 g Dörrfleisch
- 20 g Mehl
- Fett zum Braten
- 200 g Zwiebeln, geschält
- Zucker, Butter

Crème fraîche, Quark und Mehl glattrühren und mit Salz, Pfeffer und Muskatnuss gut würzen.

Zwiebeln in dünne Ringe schneiden und in Butter mit Salz und Zucker glasig dünsten. Dörrfleisch in Stifte schneiden.

Grill vom Backofen einschalten. Die Schweineschnitzel dünn plattieren und mit Salz und Pfeffer würzen. Schnitzel in einer Pfanne von beiden Seiten kurz braten. Die vier Schweineschnitzel nebeneinander auf ein Backblech legen. Schnitzel mit der Quarkmasse bestreichen, dann die Zwiebelringe, den Käse und das Dörrfleisch darauf geben.

Backblech in die oberste Schiene des Grills schieben und die Schnitzel goldgelb überbacken. Sofort servieren.

Als Beilage passt Feldsalat, Bandnudeln oder Röstkartoffeln.

Tipp

Mit Puten-, Kalb- oder Hähnchenschnitzel auch sehr lecker.

Franz Jäger

„Gebabbelt, gehockt, gedrungge unn guud gesse".

Die „Friedberger Warte" mit ihrem berühmten Turm ist ein traditionelles Bier- und Apfelweinlokal, gemütlich mit viel Holz und traditionellem Mobiliar eingerichtet, sowie einem urigen Innenhof mit schattigen Bäumen.

In den alten Gemäuern aus dem Jahre 1478 wird heute traditionelle Frankfurter Küche zeitgemäß interpretiert.

info@friedbergerwarte.de

www.friedbergerwarte.de

Friedberger Warte

Friedberger Landstraße 414 · 60389 Frankfurt · Tel. 069 - 59 24 65
April bis Oktober: Mo – Fr 17.00 Uhr bis 23.00 Uhr; Sa, So und Feiertags 12.00 Uhr bis 23.00 Uhr
November bis März: Mo – Sa 17.00 Uhr bis 23.00 Uhr; So und Feiertags 12.00 Uhr bis 23.00 Uhr

Gefüllte Stubenkükenbrust mit Morcheln auf Rahmlauch mit gebratenen Pfifferlingen und Madeirasoße

4 Stubenkükenbrüste
mit Flügelknochen
100 g Putenbrust
25 g Morcheln, eingeweicht
25 g süße Sahne
1 cl Cognac
250 g Schweinenetz
(beim Metzger vorbestellen)
1 Bund Frühlingslauch
1 Stück Schalotte
50 ml süße Sahne
2 Tomaten, abgezogen, gewürfelt
2 cl Weißwein
Madeira

Putenbrust in grobe Würfel schneiden und mit Salz und Pfeffer würzen. Etwas Cognac zugeben, mit Sahne auffüllen und anfrieren lassen. Dann in der Küchenmaschine kuttern (zu einer feinen Farce verarbeiten). In Streifen geschnittene Morcheln unter die Masse heben, gegebenenfalls mit Salz und Pfeffer nachwürzen und wieder kaltstellen. In die Stubenkükenbrüste jeweils seitlich eine 2,5 cm lange Tasche schneiden und mit der Morchelfarce füllen. Brust vorsichtig zusammendrücken und in das Schweinenetz wickeln. In wenig Olivenöl mit frischem Rosmarin, Thymian und zerdrücktem Knoblauch goldbraun anbraten und im Ofen bei mittlerer Hitze etwa 10 Minuten garen, dann 3 Minuten ruhen lassen. Den Bratensatz mit Madeira ablöschen, reduzieren lassen und kalte Butterwürfel einrühren, eventuell mit Salz und Pfeffer nachschmecken. Frühlingslauch in schräge Scheiben, Schalotte in feine Würfel schneiden und in Olivenöl kurz anschwitzen. Mit Mehl bestäuben und mit Weißwein ablöschen, den Weißwein verkochen lassen und mit Sahne auffüllen, mit Salz und Pfeffer aus der Mühle würzen. Tomatenwürfel unter den Lauch geben und vorsichtig verrühren. In einem tiefen Teller anrichten und die Stubenkükenbrust mittig aufschneiden und darauf anrichten. Pfifferlinge kräftig anbraten, salzen und pfeffern, und um die Stubenkükenbrust herum anrichten. Mit etwas Madeirajus beträufeln.

Als bekennender Schlagerfan hat er beruflich genau die richtige Heimat gefunden. In hr4 zaubert Ingo Lücke oft schon am frühen Morgen mit humorigen Sprüchen seinen Hörern ein Lächeln ins Gesicht.
Soziale Gerechtigkeit ist Ingo ein höchstes Anliegen und Grundlage für funktionierende Demokratie.
Zu seinen Hobbys zählt natürlich das Kochen. Da kann es bürgerlich-deftig zugehen, aber gern auch mal etwas ausgefallener und exquisiter. So wie beim Schlager eben...

www.hr4.de

Ingo Lücke

mr.hessentag@googlemail.com

Sauerbraten

Ca.1 kg Rinderschmorbraten
(am besten vom Bug)
½ l trockener Rotwein
(z.B. Dornfelder)
200 ml milder Obst-
(z.B. Himbeeressig) oder
Balsamessig
1 Zwiebel, 1 Möhre
¼ Sellerie
glatte Petersilie
1 Zweig Rosmarin
5 Wacholderbeeren
10 Pfefferkörner
1-2 Lorbeerblätter
Salz, Pfeffer
Edelsüßes Paprikapulver
Butterschmalz
1 Apfel
1 Glas Rinderfond
4 cl Calvados
100 g Honig- oder Lebkuchen
pur (ohne Zuckerkruste)

Gemüse klein schneiden. Rotwein mit Essig mischen. Das zerkleinerte Gemüse, Petersilienblätter, Wacholderbeeren, Pfefferkörner und Lorbeerblätter dazu geben. Rinderbraten darin einlegen, Rosmarinzweig darauf und zugedeckt drei bis vier Tage im Kühlschrank marinieren.
Das Fleisch muss bedeckt sein. Fleisch aus der Marinade nehmen, trocken tupfen und mit Salz, Pfeffer und etwas edelsüßem Paprika würzen. In einer Kasserole Butterschmalz heiß werden lassen. Das Fleisch von allen Seiten anbraten. Apfel schälen, entkernen und in kleine Stücke schneiden.
Die Marinade, den Rinderfond und die Apfelstücke zum Braten geben und bei milder Hitze mindestens zwei Stunden schmoren. Fleisch aus dem Sud nehmen, in Alufolie wickeln und im Backofen warm halten.

Kräuter und Gewürze aus dem Sud fischen. Den Sud bei starker Hitze etwas einkochen lassen und mit dem Pürierstab sämig aufschlagen. Zum Andicken den zerbröselten Honigkuchen zufügen, nochmals kurz aufkochen.
Zum Schluss den Calvados in die Soße geben und mit Salz und Pfeffer abschmecken.

Ingo Lücke

Tipp

Dazu passen Böhmische Hefeknödel und gemischte Blattsalate mit einem Dressing aus frisch gepresstem Orangensaft, einem Hauch weißem Balsamessig und einem Schuss kalt gepresstem Raps- oder – wer's mag – Walnussöl.

Dieter Voss

Mein Lebensmotto: Jeden Tag am Glück arbeiten!

Ich freue mich, wenn… im Fernsehen mal wieder ein alter Film mit Doris Day läuft.

Ich ärgere mich, wenn… ich mich wieder einmal dabei ertappe, dass ich mir um Kleinigkeiten viel zu große Sorgen mache!

www.hr-online.de

Dieter Voss

"Dieter Voss - Moderation hr4, hr fernsehen und ARD-Wetter"

Dieters Ofenglück

Ca. 700 g Putenschnitzel (Bio)
600 g Champignons
4 El saure Sahne
100 g frisch geriebener Bergkäse
Pfeffer
Salz
Rosenscharfes Paprikapulver
Butter

Putenschnitzel waschen, trocknen und grob zerteilen. Eine Auflaufform mit Butter ausreiben, die Pute darin verteilen und mit Salz, Pfeffer und Paprikapulver würzen.

Pilze putzen, klein schneiden und auf der Pute verteilen. Evtl. noch etwas salzen. Käse mit saurer Sahne vermischen und über den Pilzen verteilen. Butterflöckchen darauf legen.

Bei 220 °C im vorgeheizten Backofen 20-30 Minuten backen.

Mit Weißbrot servieren.

Satt ist der Mensch, friedlich die Welt!

Dieter Voss

Was ist schon ein Platz an der Sonne gegen eine Sitzgelegenheit in "Freddy's Kartoffelstubb" - der gemütlichen Gaststätte in der Altstadt Neu-Isenburgs. Egal ob Geburtstag, Betriebsfeier, Erstkommunion, ...bei uns können Sie zu jedem Anlass feiern. Auf Anfrage beraten wir Sie individuell um Ihnen und Ihren Gästen schöne Stunden und leckere Speisen zu bescheren. Buffet oder auch à la carte bei kleineren Gesellschaften.
Es ist alles möglich!

www.kartoffelstubb.de

Kartoffelstubb

Ecke Frankfurter/Offenbacher Str. 2 · 63263 Neu-Isenburg
Tel. 06102 - 39 39 4 · täglich: 11.30 Uhr – 14.00 Uhr und 18.00 Uhr – 24.00 Uhr
kartoffelstubb@aol.com

Kartoffelroulade mit Karottengemüse (2 Personen)

Kartoffelrouladen

1 kg mehlig kochende Kartoffeln
ca. 250 g Kartoffelmehl
2 Eier
100 g kalifornische Pflaumen
1 Zwiebel
200 g Dörrfleisch
(Sauce und Roulade)
200 ml lieblicher Rotwein
200 ml Orangensaft

Kartoffeln schälen, kleinschneiden, in einen Topf mit gesalzenem kalten Wasser geben und aufkochen lassen. Kartoffeln weich kochen, abgießen und in eine Schüssel geben. Ein Viertel der Kartoffelmasse herausnehmen und diese Lücke mit Kartoffelmehl auffüllen (ist eine alte Bauernregel). Die herausgenommene Kartoffelmasse wieder hinzufügen, 2 Eigelb dazugeben und zu einem Kloßteig kneten. Kloßteig zu 2 Kugeln formen und flach drücken, mit einem Teil Dörrfleisch und Pflaumen füllen, anschließend den Teig zu Rouladen aufrollen. Rouladen ins kochende Salzwasser geben, ziehen lassen bis sie oben schwimmen. Zwiebel und Dörrfleich in einem flachen Topf anbraten bis es leicht Farbe annimmt, mit Rotwein ablöschen, Orangensaft dazugiessen. Die restlichen Backpflaumen reingeben und aufkochen lassen, mit braunem Soßenbinder binden und mit Salz und Pfeffer abschmecken.

Karottengemüse

200 g Karotten
in Würfel geschnitten
50 g Zwiebelwürfel
50 g Butter
½ Tl Zucker

Zwiebel mit Butter in einer Pfanne etwas anschwitzen, mit ½ Teelöffel Zucker karamelisieren. Karotten dazugeben, Gemüsebrühe angießen und solange köcheln lassen bis die Karotten bissfest-knackig sind.

Jan und Freddy

Freddy und Lukas

HOTEL Sauer GARNI ★★★
NEU-ISENBURG

Das Gartenlokal "Engwaad" liegt mitten im grünen Herzen Neu-Isenburgs. Die idyllische offene Terrasse lädt Gäste jeden Alters ein und der freundliche, familiäre Service freut sich, wenn Kinder auf der anliegenden großzügigen Wiese spielen. Dass es zu jeder Jahreszeit im frischrenoviertem Gastraum gemütlich ist, können Sie sich tägl. ausser montags ab 12.00 Uhr oder insb. ab dem 11.11.2011 beim Gänsessen selbst überzeugen. Auch Familienfeiern, etc. sind immer wieder ein unvergessliches Erlebnis.

www.kartoffelstubb.de

Engwaad

Freddy's Engwaad, Tel. 06102 - 32 69 74
Ecke Offenbacher Str./Außerhalb 16 · 63263 Neu-Isenburg (mit Parkplätzen)
kartoffelstubb@aol.com · www.kartoffelstubb.de/index.php/engwaad

Engwaad Schnitzel mit Pommes

400 g Schweinerücken
(davon 4 kleine Schnitzel klopfen)
1 Ei
etwas Mehl
50 g Paniermehl, Öl

Die Schnitzel waschen, trockentupfen, salzen und pfeffern, im Mehl wälzen und abklopfen, danach in einem geschlagenem Ei vollständig einlegen und anschließend im Paniermehl auf allen Seiten wenden. Etwas Öl in die Pfanne geben und die Schnitzel (2 pro Portion) auf beiden Seiten goldgelb braten. Die Schnitzel auf 2 feuerfeste Teller legen.

Spinatfüllung

200 ml Sahne
500 g Blattspinat
1 Knoblauchzehe gehackt
Instant-Gemüsebrühe
ca. 150-200 g geriebenen Gouda

Den Blattspinat waschen und putzen (oder TK Blattspinat auftauen lassen und das Wasser herauspressen). 200 ml Sahne mit der gehackten Knoblauchzehe, dem Spinat und Instant-Gemüsebrühe (ca. 1 Teelöffel) aufkochen und so lange köcheln lassen bis die Masse cremig ist.

Die Spinatmasse über die Schnitzel geben, anschließend geriebenen Gouda (48% Fett. i. Tr.) darüber streuen und im Ofen gratinieren.

Beilage

Pommes frites

Dazu Pommes aus Backofen/oder Friteuse servieren.

Freddy und Lukas

Neben dem berühmten Zitat der "Juten Jans als jute Jabe Jottes" soll Konrad Adenauer einmal gesagt haben:
"Man kann auf seinem Standpunkt stehen, aber man sollte nicht darauf sitzen"

In diesem Sinne arbeitet die LSU seit über 10 Jahren an einer veränderten Sitzordnung in der CDU.
Für mehr Toleranz untereinander, Respekt vor dem anderen und Offenheit für das Neue.

www.lsu-online.de

Alexander Schart

LSU - Lesben und Schwule in der Union · LSU Deutschland
Postfach 65 04 31 · 13304 Berlin · alexander.schart@lsu-online.de

Krustenbraten mit Petersilien-Schupfnudeln

1 kg Schweinebraten mit Schwarte
1 Zehe Knoblauch
1 Karotte
3 Zwiebeln
150 ml Bier
Salz
Pfeffer
einige Kümmelkörner
300 ml Gemüsebrühe
Olivenöl

Schweinebraten auf der Schwartenseite mit kochendem Wasser übergießen und Schwarte rautenförmig einschneiden. Zwiebeln und Karotte in kleine Stücke schneiden. Knoblauch fein hacken, mit Öl, Salz, Pfeffer und Kümmel vermengen. Das Fleisch damit rundherum kräftig einreiben.

Öl in einem Brattopf auf höchster Stufe erhitzen, dann den Braten auf der Schwartenseite kräftig anbraten und herausnehmen. Das Gemüse im Bräter verteilen und den Braten mit der Schwartenseite nach oben draufsetzen. Den Braten im Backofen bei 180 °C etwa 2 Stunden braten, dabei immer wieder mit Brühe übergießen. 30 Minuten vor Ende der Garzeit mit Bier übergießen. Danach nicht mehr aufgießen. Die letzten 10 Minuten auf Oberhitze und maximale Temperatur umstellen, Kruste mit Salzwasser bepinseln um die Schwarte richtig knusprig zu machen. Braten aus dem Backofen nehmen und einige Minuten rasten lassen. Bratensaft und das Gemüse durch ein Sieb passieren. Die Sauce noch etwas einkochen lassen und eventuell mit 1 Tl Speisestärke binden.

Braten in dünne Scheiben schneiden und auf der Sauce servieren.

Alexander Schart

LSU LESBEN UND SCHWULE IN DER UNION

Schupfnudeln

500 g Kartoffeln
100 g Mehl
25 g Speisestärke
2 Eier
12 El fein gehackte Petersilie
Salz
Pfeffer
Muskatnuss

Kartoffeln weichkochen, schälen und gut ausdampfen lassen. Durch eine Kartoffelpresse drücken und mit Mehl, Ei, Salz, Pfeffer, Petersilie und Muskat zu einem Teig verarbeiten. Daraus eine Rolle formen, kleine Stücke abschneiden und kleine, fingerlange Nudeln formen.

In einem großen Topf Salzwasser zum Kochen bringen. Die Schupfnudeln darin ca. 2-4 Minuten sieden lassen, nicht kochen, bis sie oben schwimmen. Mit einem Schaumlöffel herausnehmen und abtropfen lassen. Nach Belieben die Nudeln goldbraun braten.

Des Rezept für die Aprikoseknödel hab' ich von meiner Mama. Die böhmisch' Küch' ist ja bekannt für ihre Süßspeis' und die Knödel sind so lecker, dass man getrost auf die Hauptspeis' verzichte' kann.

Guten Appetit
Euern Bodo

Aprikosenknödel aus Kartoffelteig mit Butterschmelze und Semmelbröseln

3 mittelgroße mehlige Kartoffeln
frische Aprikosen
1 Schale frische Himbeeren
Minzeblätter
1 rohes Ei
Muskatnuss
Mehl
Salz
Würfelzucker
Semmelbrösel vom Bäcker
Zimt und Zucker

Gekochte Kartoffeln pressen und mit einem rohen Ei und Mehl zu Teig vermengen, etwas Salz und Muskatnuss dazu. Aprikosen entkernen und mit einem Würfelzucker füllen. Aprikosen in Teig hüllen und zu Knödel formen. Wasser in einem großem Topf mit etwas Salz aufkochen. Knödel ins kochende Wasser legen und Hitze reduzieren, etwa 15 bis 20 Minuten sieden lassen.

Butter in einer Pfanne erhitzen, Semmelbrösel dazu geben und leicht anbräunen lassen. Himbeeren mixen, passieren und mit Puderzucker und etwas Zitrone abschmecken.

Knödel auf Teller mit Butterschmelze übergießen und mit Himbeerpüree und Minze dekorieren.

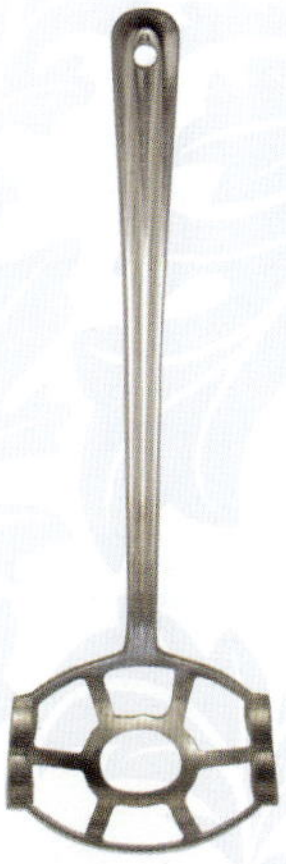

Bodo Bach

Am Rosenmontag bin ich geboren...

Mit nur zwei Fastnacht-Schlagern wurde Margit Sponheimer in den 60er Jahren zur Fastnachts-Ikone. Den Höhepunkt Ihrer Popularität erreichte Sie in den 70ern und 80er Jahren. Sie war zu Gast in allen namhaften Fernsehsendungen.
Seit 1999 machte Sie eine zweite Karriere im Volkstheater Frankfurt als Schauspielerin.

Margit Sponheimer

Das „goldisch Meenzer Meedche“

Margits Apfelkuchen

6 große Äpfel (Boskop)
200 g gehackte Mandeln
200 g gehobelte Mandeln
500 g Crème fraîche
300 g Puderzucker
2 Eier
4 Eigelb
2 El Mehl
Zimt
Calvados
1 Prise Zucker

Äpfel schälen und in Scheiben schneiden. Backblech gut mit Butter! einfetten. Apfelscheiben gleichmäßig auf dem Blech verteilen, mit Calvados beträufeln, mit wenig Zucker, viel Zimt und mit Mandelblättchen bestreuen.

Crème fraîche, Puderzucker, Eier und Mehl verrühren und über den Äpfeln verteilen. Mit gehackten Mandeln bestreuen.

Im vorgeheizten Backofen bei 180 °C 20 Minuten backen.

Margit Sponheimer

Christine Helmer-Glasner,

in Innsbruck geboren, erhielt ihre Schauspielausbildung am renommierten Max-Reinhardt-Seminar in Wien.
Nach diversen Film-und Fernsehauftritten, gehört sie seit 1975 zum festen Stamm „der Komödie“ in Frankfurt und begeistert ihr Publikum immer wieder aufs Neue. Zuhause verzaubert sie ihren Mann, Claus Helmer, mit ihrer österreichischen Kochkunst.

Kaiserschmarren mit Zwetschgenröster

8 Eier
5 El Zucker
1 El Vanillezucker
1 El Rum
1 Prise Salz
240 g Mehl
½ l Milch
60 g Rosinen
100 g Butter

Zwetschgenröster
1 kg Zwetschgen
1 Zimtstange
einige Gewürznelken
200 g Zucker
Saft und Schale einer Zitrone
150 ml Wasser

Rosinen im Rum einige Stunden einweichen. Milch, Eidotter, Vanillezucker und Mehl verrühren. Eiweiß, Zucker und Salz zu festem Eischnee schlagen und behutsam unter den Teig heben.

In einer großen Pfanne Butter zum Schmelzen bringen. Die Masse eingießen, Rosinen abtropfen lassen und darüber streuen. Teig anbacken, dann wenden und im vorgeheizten Backofen fertig backen. Mit zwei Gabeln in Stücke reißen, auf Tellern anrichten und mit Puderzucker bestreuen.

Zwetschgen waschen, halbieren und Kerne auslösen. Wasser mit Zitronensaft und –schale, Zucker, Zimt und Nelken aufkochen, Zwetschgen dazugeben und ca. 30 Minuten weich kochen. Gewürze entfernen. Zwetschgenröster kalt stellen.

Christine Helmer-Glasner

„Die Mandelkönigin aus Frankfurt"

2012 feiert Mandel Ries das 50-jährige Jubiläum. Außer leckerem Naschwerk können Sie Ihren Gaumen auch mit Malow Original Elsässer Flammkuchen verwöhnen.

Bekannt in ganz Hessen und über die Grenzen hinaus: fester Bestandteil des Frankfurter Weihnachtsmarkts.

Hilde Ries

Am Alten See 10 · 61449 Steinbach / Taunus
Tel. 06171 - 71 10 2 · Mobil 0170 - 475 67 73

Bethmännchen

Ca. 25 Stück

250 g Marzipanrohmasse
80 g Puderzucker
40 g Mehl
1 Eigelb
65 g geschälte, gemahlene Mandeln
50 g geschälte, halbierte Mandeln
1 Eiweiß
Einige Tropfen Rosenwasser

Marzipanrohmasse mit Puderzucker, Eigelb, Mehl, gemahlenen Mandeln und etwas Rosenwasser gut verkneten. 25 kleine Kugeln formen.

Jeweils drei geschälte, halbierte Mandeln seitlich an die Kugeln drücken.

Ein Backblech mit Backpapier auslegen und die Kugeln darauf verteilen. Die Bethmännchen mit verquirlten Eiweiß bestreichen.

Im vorgeheizten Backofen bei 150 °C ca. 15 Minuten hellgelb mit leicht hellbrauner Spitze backen.

Hilde Ries

Wolfgang Kaus

33 Jahre lang war Wolfgang Kaus als Regisseur und künstlerischer Leiter am Volkstheater Frankfurt – Liesel Christ tätig.

Nun hat er seine Biografie geschrieben mit dem Titel „Lebensbericht – Mensche gibts, all sin se anners" wie das Essen...

www.wolfgangkaus.de

Wolfgang Kaus

mail@wolfgangkaus.de

Mirabellenstrudel

50 g gehackte Walnüsse
800 g Mirabellen
80 g Zucker
1 El Butter
1 Rolle Blätterteig
2 El Weckmehl
4 cl Mirabellengeist
Puderzucker
4 El saure Sahne

Mirabellen entsteinen. In einer Pfanne mit Butter, Zucker und Nüssen kurz anschwitzen. Mit Mirabellengeist übergießen und anzünden. Wenn die Flammen erloschen sind, weiter köcheln bis die Flüssigkeit verkocht ist. Abkühlen lassen.

Blätterteig mit der Mirabellenmasse belegen und zu einem Strudel aufrollen. Bei 200 °C ca. 10-12 Minuten backen bis der Teig hellbraun ist.

Abkühlen lassen und mit Puderzucker bestäuben. Mit je einem Esslöffel saurer Sahne servieren.

Jutta P. und Gerda

Wolfgang Kaus

Komplettservice rund um Ihr Auto
Wir als Fachbetrieb für Unfallinstandsetzung und Autolackierung sind technisch auf dem neuesten Stand. Außerdem beinhaltet unser Service Autoglas-Reparatur, Achsvermessung, Klimaservice, Kunststoffreparatur u.v.m. Unsere Kunden sind Porsche FFM, BMW Euler, VW und diverse Banken.
Bei uns sind Sie auf der richtigen Spur!
Auto Service Center
Genfer Str. 6 · 60437 Frankfurt am Main/Nieder-Eschbach
Tel. 069 - 507 62 63 · Fax: 069 - 507 61 62

Schoko-Espresso-Törtchen mit Nektarinensoße

100 g Bitterschokolade
12 Stückchen Bitterschokolade
100 g Butter
4 cl starker Espresso
60 g Mehl
3 Eier
½ Päckchen Vanillezucker
Puderzucker

Nektarinensoße
2 Nektarinen
1 El Zucker
1 Tasse Wasser

Schokolade in einem Topf schmelzen lassen. Butter dazugeben und unterrühren. Eier und Zucker gut verrühren. Mehl unterrühren. Die flüssige Schoko-Butter-Mischung zügig untermischen. Teig in die gebutterten 12 Mulden einer Muffinform verteilen. In jedes Törtchen ein Stückchen Bitterschokolade drücken.

Bei 180 °C Umluft 10 Minuten backen. Törtchen etwas abkühlen lassen und mit Puderzucker bestäuben.

Nektarinen schälen, Kern entfernen und in grobe Stücke zerteilen. Im Wasser ca. 10 Minuten dünsten. Einige Nektarinenstücke zur Seite legen. Restliche Nektarinen mit dem Stabmixer zu einer Soße vermixen.

Törtchen mit Soße und Nektarinenstücken servieren. Nach Belieben mit Schlagsahne toppen.

Klaus Fromm mit Ehefrau

Thomas Mayer

ASC Frankfurt Auto Service Center

The Tenders

Die Verbindung verschiedener Musikgenres mit orchestralen Arrangements und teilweise rockig- klassischen Elementen, präsentiert von zwei perfekt miteinander harmonierenden Stimmen, ist das Markenzeichen der TENDERS.
The Tenders leben die Musik, weil sie sie lieben und ihre Musik ist so außergewöhnlich angenehm, wie THE TENDERS selbst.

www.the-tenders.com

The Tenders

Büro Michael Hofmann · Beunestraße 9 · 35410 Hungen
Tel. 06402 - 50 40 71 · info@hofmann-events.de

Panna cotta mit Himbeeren im Weckglas

- 500 ml Sahne
- 2 Blatt weiße Gelatine
- 1 Vanillestange
- 50 g Zucker
- 1 Schale Himbeeren

Vanilleschote aufschneiden und das Vanillemark herausschaben. Gelatine in etwas Wasser einweichen. Schote und Mark mit dem Zucker in die Sahne geben und langsam zum Kochen bringen. Auf kleiner Stufe 10 Minuten köcheln lassen.

Sahne durch ein Sieb schütten. Gelatine in der heißen Sahne auflösen und in vier Weckgläser verteilen. Ca. 6 Stunden im Kühlschrank fest werden lassen.

Himbeeren auf der Sahnemasse drapieren und im Gläschen servieren.

The Tenders

Blättrige Zitronentarteletts und Limettencreme

Zitronentarteletts

1 Rolle Blätterteig
3 Eier
100 g Zucker
150 ml Zitronensaft
75 g Butter

Eier mit dem Zucker schaumig schlagen. Den Zitronensaft und die Butter hinzugeben und die Masse etwa 6 Minuten unter ständigem Rühren kochen. Aus dem Blätterteig große Kreise ausschneiden und in gefettete Muffinformen legen. Die Zitronencreme auf dem Blätterteig verteilen und die Tarteletts bei 200 °C ca. 10 Minuten backen.

Limettencreme

100 g Butter
200 ml Limettensaft
400 ml gezuckerte Kondensmilch
3 Eier

Butter schmelzen und zusammen mit dem Limettensaft, dem Abrieb einer Limettenschale und der Kondensmilch gut vermengen. Eier verquirlen, dazugeben und alles sehr gut vermischen. Die Creme in Schalen oder Gläser füllen und 30 Minuten bei 90 °C (Heißluft) im vorgeheizten Backofen garen. Danach kalt stellen.

Sauer macht lustig!

Die Dschungel-Eva

2011 war sie Teilnehmerin im Dschungelcamp und schlug sich tapfer durch den australischen Urwald.

Eva, eine vom temperamentvollen, vierblättrigen Kleeblatt der Jacobs Sisters, hat außer ihrer singenden Leidenschaft eine große – ihren Liebling Leslie.

Für ihn läßt sie alles liegen und stehen und greift zum Rührlöffel um ihm selbstgemachte Kekse zu kredenzen. Denn sie weiß ganz genau was Leslies Hundeherz erfreut. Leslie weiß dies zu schätzen und trällert ihr ein Liedchen vor!

juliane.singh@t-online.de

Eva Jacob und Leslie

Kontakt: Juliane Singh · Bischof-Kaiser-Str. 5b · 63165 Mühlheim/Main
Tel. 06108 - 82 33 97 · Mobil 0175 - 56 15 440

Müsli-Zapfen

250 g ungesüßtes Müsli
50 g getrocknete Pflaumen
und Aprikosen
2 Eier

Das getrocknete Obst in kleine Stückchen schneiden. Die Eier verquirlen und mit den getrockneten Früchten und dem Müsli zu einer klebrigen Masse verkneten. Die Masse zwischen den bemehlten Händen zu kleinen, ca. 5 cm langen Zapfen formen.

Im vorgeheizten Backofen bei 150 °C ca. 30 Minuten backen. Danach im ausgeschalteten Backofen gut nachtrocknen lassen.

Eva Jacob und Leslie

Weltweit gibt es viele Kinder, die Hunger leiden, so schrieb mir Rocky Chan Thawng aus Myanmar in seiner Bitte um Hilfe, die er für seine Schützlinge gestellt hatte, was benötigt wird: „Unser täglich Brot = Reis!" Zudem: „Um bedürftigen Kindern in der Ausbildung zu helfen, benötigen wir für Bücher, Schulgebühren, Stifte, Bleistifte, 30 US-Dollar pro Jahr und Kind".

Wenn wir uns jetzt vor Augen halten, dass viele der in diesem Kochbuch enthaltenen Rezepte (ausreichend für eine Mahlzeit für 4 Personen), etwa so viel kostet wie ein Jahresbedarf für ein Kind in Myanmar (dieses Beispiel passt auf viele Länder weltweit), dann wissen wir auch, wie viel Gutes Sie mit dem Erwerb dieses Buches leisten. Dafür danke ich allen, die für dieses Buch Sponsoring geleistet haben, allen, die mitgekocht haben und Ihnen.

Dr. e.h. Dieter F. Kindermann

Präsident des Kinderhilfswerk ICH – International children help e.V.
www.int-children-help.de

Spendenkonto: Sparkasse Schaumburg · Konto 470051988 · BLZ 25551480 · Stichwort: „Olga"
Bank für Sozialwirtschaft · Konto 9445400 · BLZ 25120510 · Stichwort: „Olga"

„Wir haben es zu unserer Aufgabe gemacht, Kinder in Not zu unterstützen – frei von Bürokratie, politischen, ethnischen oder sonstigen Einflüssen"

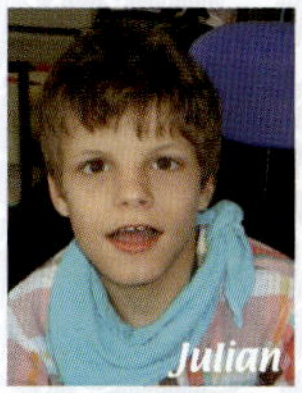

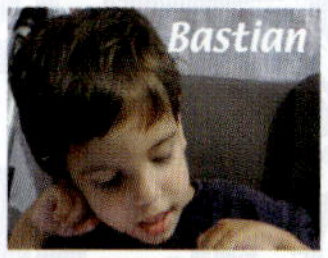

Unsere Botschafter helfen aktiv

Christin Stark
www.christin-stark.com

Frank Faber
www.frank-faber.de

Olga Orange
www.olgaorange.de

The Tenders
www.the-tenders.com

Togbui Kosi Céphas Bansah König von Hohoe Gbi Traditional Ghana
www.koenig-bansah.de

Jürgen Grobbin
www.ideemedien.de

Fritz Backhaus

Stephan Höstermann (Hösti)
www.hoesti.de

Barbara Knoll

Neema Paul Mwalule Herberg

Christine Schulze

Lothar Pirc
www.ayurveda-badems.de

Bitte helfen auch Sie! Mit Ihrer Spende helfen Sie maximal. Gemeinsam sind wir stark für unsere Schützlinge, die Kindern in Not.

Mehr unter: www.int-children-help.de

Sie können uns auf verschiedene Art und Weise unterstützen, z.B. durch:

Ich bin auch dabei und helfe mit.

"Kinderhilfsalarm!"

Mia-Sophie Wellenbrink
Kinderbotschafterin des ICH e.V.

Aufstellen einer **Spendendose**

Ihre Spende
Sparkasse Schaumburg
Konto 470051988
BLZ 25551480
Stichwort: Emotion

Ihre Mitgliedschaft
www.int-children-help.de

ICH - International children help e.V.
Schwerdtmannstr. 2 31655 Stadthagen
Telefon 05721 9374280, Fax 9374289
www.int-children-help.de info@int-children-help.de

Die Rezepte und Ratschläge in diesem Buch wurden sorgfältig geprüft, dennoch kann eine Garantie nicht übernommen werden. Eine Haftung des Verlages und seiner Beauftragten oder des Autors für etwaige Personen-, Sach- oder Vermögensschäden ist ausgeschlossen.

ISBN 978-3-942971-03-4